LÍDER
HUMANO
GERA RESULTADOS

CARO LEITOR,
Queremos saber sua opinião sobre nossos livros.
Após a leitura, curta-nos no facebook.com/editoragentebr,
siga-nos no Twitter @EditoraGente,
no Instagram @editoragente
e visite-nos no site www.editoragente.com.br.
Cadastre-se e contribua com sugestões, críticas ou elogios.

LIGIA COSTA
PREFÁCIO DE PATRÍCIA COIMBRA

LÍDER HUMANO
GERA RESULTADOS

COMO SER UM LÍDER QUE TRANSCENDE O *EU*
E FAZ A EQUIPE E A EMPRESA CRESCEREM

Diretora
Rosely Boschini

Editora
Franciane Batagin Ribeiro

Assistente Editorial
Bernardo Machado

Produção Gráfica
Fábio Esteves

Preparação
Wélida Muniz

Capa
Mariana Ferreira

Projeto Gráfico e Diagramação
Gisele Baptista de Oliveira

Revisão
Amanda Oliveira
Andréa Bruno

Impressão
Assahi

Copyright © 2021 by Ligia Costa
Todos os direitos desta edição são reservados à Editora Gente.
Rua Natingui, 379 – Vila Madalena
São Paulo, SP – CEP 05443-000
Telefone: (11) 3670-2500
Site: www.editoragente.com.br
E-mail: gente@editoragente.com.br

Dados Internacionais de Catalogação na Publicação (CIP)
Angélica Ilacqua CRB-8/7057

Costa, Ligia
    Líder humano gera resultados : como ser um líder que transcende o eu e faz a equipe e a empresa crescerem / Ligia Costa. - São Paulo : Gente Autoridade, 2021.
    192 p.

ISBN 978-65-88523-17-9

1. Liderança 2. Desenvolvimento pessoal I. Título

21-3488   CDD 658.3

Índices para catálogo sistemático:
1. Liderança

Nota da Publisher

A presença e liderança marcantes de Ligia Costa me cativaram no momento em que a conheci. Fiquei impressionada ouvindo-a falar, com muita tranquilidade, sobre sua missão e propósito de vida: a liderança compassiva. Liderar não é tarefa fácil, exige o máximo de nós todos os dias. É preciso ser estratégico, focar os resultados, estar presente no operacional e, antes e acima de tudo, pensar nas pessoas, no coletivo. É essencial ser generoso, inspirador, inclusivo e praticar a empatia.

Líder humano gera resultados é seu primeiro livro com a Gente, e como tudo que Ligia faz e acredita, veio para impactar. Nele, aprenderemos que, ao liderar com amor, acreditando no próximo, transformaremos o mundo e a nós mesmos, gerando compaixão e colaboração em todas as esferas do negócio. Nas páginas a seguir estão o caminho e as ferramentas para transformar você em um líder ímpar, e não há mentora mais capacitada que Ligia, criadora do Movimento Liderar com Amor Gera Lucros, profissional consolidada de recursos humanos, especialista em propósito, presença, protagonismo e que há anos se dedica a pesquisar e promover o desenvolvimento humano e a inteligência emocional no ambiente de trabalho.

Você será guiado, líder e futuro líder, por uma jornada essencial de autoconhecimento, por meio de técnicas de meditação, da prática do mindfulness e da escrita reflexiva, para que você desperte o seu olhar compassivo. Ligia me impactou e estou certa de que impactará você também. A missão dela se tornará também a sua: acredite em si mesmo, acredite no próximo e sinta a poderosa transformação acontecer em você. Boa leitura!

**Rosely Boschini – CEO e
Publisher da Editora Gente**

Dedico este livro a líderes inovadores, curiosos e eternos aprendizes.

A quem se sente indignado com tanta desconexão consigo mesmo, com os outros e com as organizações.

A quem precisa aceitar suas imperfeições e ser menos autocrítico para desenvolver o máximo das suas potencialidades.

A quem tem um desejo profundo de equilibrar a vida pessoal e a profissional.

A quem jamais questiona a capacidade de nos unirmos a um movimento que transcende o indivíduo e impacta na ampliação de consciência do coletivo.

A quem incansavelmente se coloca a serviço para liderar com mais compaixão.

A minha família, amigos, professores e a meu ex-marido e minhas filhas por me ensinarem e relembrarem todos os dias o quanto somos responsáveis por nossas próprias escolhas.

A quem quer fazer do seu mundo um lugar um pouco melhor.

Agradecimentos

Por incrível que pareça, esta foi a parte mais difícil. Desafiar-me na escrita e tornar-me escritora significou abrir um caminho novo entre as minhas potencialidades. Sei que estarei mais familiarizada com a novidade quando este livro chegar até você.

Desejei e me preparei para estar aqui, mas não imaginei que, durante a jornada, teria tantos momentos desafiadores. Chorei várias vezes e tive muita vontade de desistir.

Portanto, minha gratidão vai para todos os que não me deixaram paralisar, que me motivaram, fortaleceram e contribuíram para a minha resiliência ao me lembrar diariamente das minhas escolhas.

Sou movida por propósito e a frase dita por um mentor londrino no dia em que falei que não estava pronta para ser professora de mindfulness, sempre me traz de volta para o meu centro. Ele me olhou e disse: "Ligia, *remember not to forget*". Em tradução livre, "lembre-se de não esquecer", e ele se referia a eu não me esquecer do meu real porquê, dos meus valores e da minha missão.

Com esse olhar, desejo agradecer aos meus pais, Elaine e Cyro – um anjo que já fez a sua partida deste plano –, por me oferecerem a vida e tantos valores importantes. Agradeço aos meus irmãos, Fábio e Marcelo, aos meus avós, tios, primos, familiares.

Agradeço à família que formei junto com Beto, meu ex-companheiro de vida e incentivador, sempre incansável em me dizer para seguir em frente. Ele conhece bem a aquariana que viveu ao seu lado há quase vinte anos. Muito obrigada a minhas filhas, Maria Luisa e Maria Eduarda. Elas trouxeram significado para a minha jornada e, principalmente, a busca pelo equilíbrio entre vida profissional e pessoal. São elas que não me deixam esquecer de gerenciar os meus múltiplos papéis com harmonia e gentileza.

Agradeço pela educação que recebi e por ter tido os professores que tive nas instituições formais e não convencionais nas quais estudei: Mackenzie, onde me formei em Marketing; USP, onde fiz a minha pós-graduação em Gestão Organizacional e Relações Públicas; Cultura Inglesa, onde aprendi inglês; Universidade de Salamanca, na Espanha; Instituto Search Inside Yourself, na Califórnia, onde fiz minha certificação em Inteligência Emocional, Neurociência e Mindfulness; ICI, o International Coaching Institute; Gross National Happiness Center, no Butão, onde estudei sobre a felicidade interna bruta; grupos de estudos de espiritualidade com a mestra Eunice, orientada por Swami Vivekananda; passagens por retiros no Brasil, na Índia; e inúmeras formações e conhecimentos que, em breve, serão reconhecidos por todos como parte integral e fundamental para a nossa formação.

Agradeço às empresas que me acolheram e contribuíram para a minha formação profissional. Paulo Roque, que facilitou para que eu, ainda jovem, trabalhasse na LucasArts, empresa de George Lucas, no Vale do Silício, Califórnia. Márcio Santoro, meu primeiro gestor no mundo da publicidade. Alexandre Gama, por me ensinar a administrar – um gênio brilhante e criativo sem igual. Agradeço a Luiz Leite, CFO do Grupo WPP, um dos meus mentores, e que acompanha minha carreira há quase vinte anos. Foi na Ogilvy & Mather que assumi meu primeiro cargo de liderança, aos 24 anos. Minha experiência em Brasília como gestora da Brasil Telecom não teria acontecido sem o convite de

Leonardo Azevedo e Carlos Costa Pinto, que confiaram em mim a gestão de comunicação para fusão das marcas e preparação para a venda da empresa. Mais recentemente, em posição regional no Yahoo!, agradeço aos presidentes dos países da América Latina que atuaram em parceria comigo e Patrizio Spagnoletto, diretor global de Marketing. Agradeço a todos que trabalharam diretamente comigo ao longo de quase dezenove anos.

Agradeço aos profissionais visionários que estão comigo nessa caminhada. Obrigada por serem visionários nas suas empresas e permitirem que a minha visão contribuísse para a transformação das suas equipes: Ford, Itaú, Johnson & Johnson, Mary Kay, Procter & Gamble, IQVIA, SulAmérica, Klabin, Eliane Revestimentos, Crescimentum, Leroy Merlin, Mary Kay, equipe de liderança feminina do Banco do Brasil, entre outras.

O meu obrigada à escola de Economia, FGV EESP, por inovar e, desde 2019, permitir que eu leve o mindfulness para os alunos da graduação, em um programa de orientação profissional e pessoal que iniciou com a coordenação de Joelson Sampaio e Karen Scavacini.

Agradeço a todos os profissionais envolvidos na produção deste livro.

Obrigada a você, querido leitor. Desejo que você leia as próximas páginas com mente de principiante, exatamente como estou me sentindo neste momento, ao publicar esta obra.

Gratidão, a todos vocês, por fazerem parte da minha história.

Sumário

14 PREFÁCIO DE
PATRÍCIA COIMBRA

INTRODUÇÃO
18 UM NOVO OLHAR
PARA A LIDERANÇA

25 COMO MELHOR
UTILIZAR ESTE LIVRO

CAPÍTULO 1
27 O COLAPSO NA GESTÃO
DAS ORGANIZAÇÕES

CAPÍTULO 2
45 QUEM SOU EU?
QUE LÍDER QUERO SER?

CAPÍTULO 3
67 MAIS EMPATIA,
POR FAVOR

CAPÍTULO 4
91 SER HUMANO ANTES
DE SER LÍDER

CAPÍTULO 5
121 LIDERE COM A CABEÇA
E COM O CORAÇÃO

CAPÍTULO 6
163 AMOR COMO
COMPETÊNCIA INTEGRADA

CAPÍTULO 7
179 ESCOLHA LIDERAR
COM O CORAÇÃO

Prefácio de
Patrícia Coimbra

É a prática que nos leva a mudar de hábito. Mas a prática consciente, que vem da reflexão, do entendimento de como tudo pode fluir melhor. E isso vale para todos os contextos: família, trabalho, relações de amizade. Nesse sentido, mais do que nunca nos conscientizamos de que cuidar das pessoas é essencial para que a sociedade, como um todo, funcione bem.

Nas empresas, a liderança compassiva é, na minha avaliação, a principal ferramenta para que esse princípio se torne realidade. Um caminho que passa pelo desenvolvimento da empatia e da conexão, entre outros pontos fundamentais para o bom desempenho de uma equipe.

Trata-se de uma jornada de transformação profunda, mas feita a partir de pequenas ações do dia a dia. Um convite prazeroso, principalmente em tempos de tanta distração e ansiedade.

Tudo o que sei sobre liderança compassiva aprendi com Ligia Costa, a quem conheci em um de seus treinamentos sobre esses e outros temas na empresa. Seu trabalho foi fundamental para nós. Aprendemos ferramentas importantes sobre autoconhecimento, escuta ativa, compaixão e, olha ela aqui de novo, empatia. Passamos a nos acolher e a acolher o próximo, o que foi muito importante para os nossos times. O resultado foi excepcional: todos se sentiram fortalecidos e formamos uma rede de colaboração e ajuda.

E tudo isso em um momento de tanta pressão e insegurança diante da eclosão da pandemia de covid-19 em 2020. Fases de turbulência como essas muito frequentemente nos levam a agir por impulso, e tomamos decisões ruins para as pessoas e para as empresas.

As habilidades do novo CEO, aquele guiado pela compaixão e pelo amor, chegaram para nós na hora certa. E nos foram ensinadas pela condução segura e gentil da Ligia, que é uma autoridade sobre o assunto no Brasil.

Ligia leva mundo afora os conhecimentos que pratica na sua vida pessoal e profissional, unindo experiência de mercado e referencial teórico de modo único, com embasamento e gentileza.

A autora deste livro é uma visionária, uma estudiosa que identificou a relevância do tema antes de todos nós, apresentou alternativas e destacou a importância de refletirmos sobre modelos de gestão antigos ainda tão presentes nos escritórios. Esse caráter pioneiro, aliado à sua visão ampla, diz muito sobre ela. Para mim, Ligia é a profissional reconhecida que é justamente por ser capaz de se antecipar às mudanças e ter o propósito real e verdadeiro de gerar impacto positivo nas pessoas e na sociedade.

Prepare-se para aprender muito com este livro. Na minha opinião, você fez uma excelente escolha de leitura. É um trabalho que chega até nós em um momento muito oportuno.

A partir de agora, você será convidado a assumir a sua responsabilidade diante da construção de um mundo novo, bem melhor do que este em que vivemos agora. Mas esse será um convite amoroso, que vai fazer você se sentir bem, muito bem, quando chegar à última página. A mudança, afinal, começa com cada um de nós.

Todos esses conhecimentos vão chegar até você por meio de um texto leve, em tom de conversa, e cheio de histórias reais. São relatos de pessoas que mudaram a própria vida a partir de novos modos de pensar e de agir. E tudo isso com leveza e consistência.

Do início ao fim, são muitas as referências apresentadas para enriquecer o nosso repertório e nos oferecer ferramentas simples e que podem ser aplicadas com facilidade. Assim, acredito, somos capazes de adotar novos e melhores hábitos.

Sou muito grata a Ligia. A nossa liderança se tornou mais forte, atenta, eficiente e amorosa depois que aprendemos tantos conceitos valiosos com ela. A noção da compassividade veio para ficar, o que é ótimo.

Que seja assim com você também. Boa leitura! E, principalmente, boa jornada de transformação.

Um abraço,

Patrícia Coimbra
Vice-presidente de Capital Humano,
Sustentabilidade e Marketing da SulAmérica

introdução

Um novo olhar para a liderança

Aquele era o meu primeiro emprego. Lembro-me de estar à minha mesa quando comecei a notar uma crescente irritação na voz da minha chefe, que falava ao telefone. Na chamada, ela descrevia uma situação que havia acontecido comigo. Portanto, eu sabia que a ligação era sobre mim. De repente, o tom de voz dela aumentou e, àquela altura, a atenção da sala inteira estava capturada. Com isso, todos passaram a ouvir: "Burra, mas é muito burra!". E ela não parou por aí, repetindo o adjetivo alguns segundos depois: "É burra demais!". E seguiu: "É muito, muito burra!".

Foi então que me levantei da mesa e, no auge dos meus 19 anos, coloquei o dedo em riste na frente do rosto dela e disse: "Se tem alguém burro aqui, esse alguém é você, que está me chamando de burra".

Você consegue imaginar como ficou a minha vida nos dias seguintes a esse episódio? Um caos. A partir daquele momento, minha gestora fez tudo o que podia e mais um pouco para me punir pela ofensa, mesmo tendo ela me ofendido primeiro. Logo foi marcada uma reunião comigo, a gestora e o diretor da empresa. Eu tinha plena convicção de que seria demitida naquele instante.

No entanto, chegada a hora, somente cinco minutos após o início da conversa, recebo uma ligação de casa, com a orientação de seguir para lá com urgência. Saí da empresa às pressas e, em casa, recebi a notícia de que meu pai havia morrido vítima de um infarto fulminante. Fiquei muito abalada, claro.

O impacto foi enorme e me fez repensar tudo, todas as minhas crenças e os meus valores. Ao voltar para o trabalho, dez dias depois, não fui dispensada. Naquele momento, eu me dei conta de que nada mais fazia sentido nem era tão importante diante da finitude da vida, do fato de que, a qualquer hora, podemos não estar mais perto daqueles que mais amamos.

Tenho certeza de que tais reflexões me transformaram na mulher que sou hoje. Foram quase vinte anos para entender isso, mas acabei compreendendo. Não faz sentido passar tanto tempo da nossa existência no trabalho se não for para evoluir, para oferecer compaixão, generosidade, apoio, amor. É assim que mudamos para melhor. Não tem segredo: quando as pessoas crescem, as empresas também crescem, avançam e se fortalecem, lucram mais.

É sobre isso que vamos refletir neste livro. Não dá para seguir com as coisas do jeito que estão. Chegamos ao auge da desconexão, da falta de significado e da superficialidade nos ambientes corporativos. Está instaurada uma crise de consciência na liderança, e as relações estão insustentáveis. Os impactos desse problema são profundos e ecoam na nossa saúde mental.

Segundo informações da Pesquisa Nacional de Saúde (PNS) de 2019,[1] 16,3 milhões de pessoas com mais de 18 anos têm depressão no Brasil, um aumento de 34,2% de 2013 para 2019. Somos o país com mais deprimidos da América Latina, com 5,8% da população sofrendo com a doença. E as estatísticas não param por aí: existem outros problemas causados por ambientes

---

[1] GIGLIOTTI, A. IBGE: crescimento da depressão é realidade no Brasil. **Veja Rio**, 24 nov. 2020. Disponível em: https://vejario.abril.com.br/blog/manual-de-sobrevivencia-no-seculo-21/ibge-crescimento-depressao-brasil/. Acesso em: 27 abr. 2021.

de trabalho pouco saudáveis, como o burnout, também conhecido como síndrome do esgotamento profissional, que se instaura em situações de exaustão no ambiente profissional.[2] De acordo com a International Stress Management Association (Isma-BR), 32% dos trabalhadores brasileiros sofrem de burnout.

Diante disso, é hora de parar e mudar. É hora de fomentar um cenário no qual a liderança amorosa e compassiva possa fazer toda a diferença. É hora de adotar um novo estilo de liderança que considere o ser humano como um todo, integrando as suas inteligências física, mental, emocional e espiritual.

Vou compartilhar com você o caminho que me trouxe do dia em que fui chamada de burra no escritório até aqui. Saiba que a jornada foi longa e, felizmente, repleta de aprendizados. O que você vai ler é fruto de muita pesquisa e muita vivência como executiva de grandes empresas. De alguém que já esteve nos hotéis cinco estrelas do Vale do Silício, na Califórnia, Estados Unidos, em inúmeras viagens de negócios, e também em *ashrams*[3] – espaços onde se vive com simplicidade e são feitas práticas como ioga e meditação – na Índia; de alguém que fez imersões em temas como felicidade nas montanhas do Himalaia e do Butão.

---

[2] MONTEIRO, L. OMS classifica a síndrome de burnout como doença. **Superinteressante**, 31 maio 2019. Disponível em: https://super.abril.com.br/saude/oms-classifica-a-sindrome-de-burnout-como-doenca/. Acesso em: 1º jun. 2021.

[3] SAUEIA, A. Ashram: o que é e como funciona um Ashram na Índia? **Não É Caro Viajar**, 28 mar. 2018. Disponível em: https://naoecaroviajar.com.br/2018/03/28/como-funciona-um-ashram-na-india/. Acesso em: 27 abr. 2021.

Viajei boa parte do mundo na busca de respostas para os meus principais questionamentos sobre o universo da liderança. Elas estão todas à sua espera, e você as verá ao longo dos próximos capítulos.

Só para deixar um spoiler, digo que não vejo outra solução para tanta insatisfação a não ser investir no amor-próprio e no acolhimento. Precisamos todos de um respiro de gentileza para seguirmos fortes no processo de transformação, principalmente a dos líderes. A motivação que emerge da autocompaixão vem do amor, enquanto os estímulos que surgem da autocrítica são decorrentes do medo. Liderar amorosamente tem mais poder de conquistar corações e mentes que a promoção de conflitos e disputas.

Nesse cenário, é preciso deixar a busca incessante pelo poder e pelo status individual e separatista para poder compartilhar os resultados como parte do sucesso coletivo. É preciso abandonar o ego para acessar a alma, a nossa essência, e permitir a expressão da nossa comunicação autêntica. É necessário ignorar a mentira, as relações banais e criar conexões verdadeiras.

Estamos falando aqui de um olhar mais humano e altruísta de quem lidera. Aquele que conduz uma equipe tem como papel estar a serviço, fazer o seu melhor para que o time esteja psicologicamente seguro e, assim, atinja resultados de alta performance.

Liderar com amor é ser um aprendiz curioso e aberto ao diálogo, é estar focado na ampliação de consciência para obter negócios e lideranças sustentáveis e capazes de gerar resultados impactantes.

Liderar com amor não é apenas comandar, ser chefe; é ser um grande facilitador, aquele que dá o exemplo.

Liderança é atitude, um processo que começa com a liderança de si, da sua autoconsciência, da sua presença, da conexão com o máximo da sua potencialidade criativa e livre de credos, com a sua sabedoria, com aquilo que o fortalece de dentro para fora.

Toda transformação se inicia de dentro para fora, e é este o caminho que seguiremos juntos.

O primeiro passo para mudar é decidir que não deseja permanecer onde está. E isso não significa abandonar tudo o que aprendemos, mas, sim, colocar uma lente de aumento no que não funciona, criando coragem para agir de maneira diferente.

Essa mudança passa por uma série de atitudes e escolhas. Uma delas é a prática da meditação, o mindfulness – aquele que nos traz para o aqui e agora. Se liderar com amor e compaixão é a transformação que você precisa, se o seu futuro passa por isso, vamos treinar essa habilidade. Saiba, desde já, que a compaixão é treinável – vamos explicar como isso é possível adiante – e que o início desse processo é estar presente, atento a todas as situações. Um contexto em que a meditação é a nossa aliada. Espere muitas práticas poderosas nesse sentido.

Vamos refletir juntos sobre temas como os estilos de liderança, empatia, compaixão, inteligência emocional, desenvolvimento pessoal e muito mais. E então? Aceita o meu convite? Permita-se, a partir deste novo espaço, ser capaz de servir e impactar da melhor maneira a sua equipe, a sua empresa ou o seu negócio, a sua própria vida, o seu mundo. Renda-se a uma jornada de autodesenvolvimento que lhe permitirá ser a melhor pessoa que você pode ser neste momento.

Que o nosso encontro seja leve e divertido.

Com amor,

Ligia Costa

Como melhor utilizar este livro

Após a leitura de cada capítulo, sugiro que você faça os exercícios propostos, que parta para a ação com a mentalidade dos principiantes, com a mente aberta. Experimente as pausas reflexivas, o convite para as escritas conscientes, promova conversas sobre os assuntos em casa e no trabalho.

Algumas coisas você poderá vivenciar por meio deste livro:

Práticas de meditação. Em diversos momentos, disponibilizarei roteiros para que você se permita parar e meditar. Você poderá ler e seguir as instruções da meditação aqui mesmo, no próprio livro, ou acessar o site da publicação, no qual você poderá ouvir os conteúdos guiados.

Escritas reflexivas. *Journaling* é o nome da técnica que utilizamos para escrever "sem filtro". Em outras palavras, tiramos as ideias da cabeça e as colocamos no papel. Para isso, sempre determinamos um tema, cronometramos um tempo e um período do dia. O ideal é que você escreva fluidamente, sem deixar a caneta sair do papel, sem parar para pensar, redigindo até que o tempo determinado se encerre. Você deve registrar todos os insights e, em seguida, reler o que escreveu. Será uma contribuição e tanto para o seu autoconhecimento, para que você seja mais resiliente, mais grato e mais otimista.

Multiplique a conversa. Dialogar e falar sobre temas relevantes para nós é uma excelente forma de fixar o aprendizado e de nos aprofundar ainda mais no conhecimento que está sendo apresentado. Você pode ser um agente de transformação ao fazer posts em redes sociais, gravar um vídeo sobre o assunto que gerar um insight, agendar uma mentoria com alguém da sua equipe, ensinar aos amigos e familiares tudo o que aprender.

capítulo 1

O COLAPSO NA GESTÃO DAS ORGANIZAÇÕES

> **"Ódio nunca cessa pelo ódio, somente pelo amor é curado."**
> Jack Kornfield, professor de meditação
> e autor norte-americano

Os modelos convencionais de gestão estão fadados ao fracasso, pois foi-se o tempo em que ser líder era comandar e controlar. Com a constante transformação do mundo, a chegada e os avanços da tecnologia, a descentralização do conhecimento e a pandemia de covid-19 que o mundo enfrenta desde 2020, a liderança vem sofrendo grandes impactos e começou a ter demandas bem diferentes das de um passado recente.

Vivemos em um mundo novo, mas a consciência da liderança ainda não teve esse despertar. O resultado é um cenário insustentável com danos irreversíveis, fruto da desconexão de indivíduos consigo mesmos e, consequentemente, com as corporações, com as relações estabelecidas dentro das empresas.

De acordo com informações do Sindicato dos Trabalhadores Públicos da Saúde no Distrito Federal (SindSaúde, DF), em pesquisa divulgada em 2019, os transtornos mentais foram as principais causas de afastamento na Secretaria de Saúde do Distrito Federal em 2018.[4] Problemas como

---

[4] TRANSTORNOS mentais foram a principal causa de afastamento na Saúde em 2018. **SindSaúde**, 18 jul. 2019. Disponível em: https://sindsaude.org.br/noticias/sindsaude-df/transtornos-mentais-foram-a-principal-causa-de-afastamento-na-saude-em-2018/. Acesso em: 28 abr. 2021.

ansiedade, depressão e estresse têm impedido muita gente de trabalhar. A questão não se limita a Brasília. Conforme o estudo One Year of Covid-19,[5] realizado pelo Instituto Ipsos em trinta países, 53% dos entrevistados no Brasil disseram que a sua saúde mental piorou desde a chegada do vírus Sars-CoV-2.

Por mais difícil que seja encarar esse cenário, podemos assumir que o estilo de gestão de líderes controladores, manipuladores, egocêntricos, separatistas e sedentos de poder, fama e status contribui para os conflitos, disseminando ódio e medo. Isso causa um impacto negativo nas corporações, na sociedade e, por consequência, em nosso país como um todo.

ESTILOS DE LIDERANÇA

Há vários tipos de liderança.[6] Antes de tratar a fundo do modelo compassivo e amoroso, é importante destacar alguns outros. São eles:

- Liderança autocrática: baseada no controle, no comando. O gestor centraliza as decisões.

---

[5] CALLIARI, M. One Year of Covid-19: mais da metade dos brasileiros diz que saúde mental piorou desde o início da pandemia. **Ipsos**, 19 abr. 2021. Disponível em: https://www.ipsos.com/pt-br/one-year-covid-19-mais-da-metade-dos-brasileiros-afirma-que-saude-mental-piorou-desde-o-inicio-da. Acesso em: 1º jun. 2021.

[6] LIDERANÇA de equipe: dicas para ser um bom líder nesta fase de pandemia. **VC S/A**, 25 ago. 2020. Disponível em: https://vocesa.abril.com.br/carreira/lideranca-de-equipe-melhores-tecnicas/. Acesso em: 28 abr. 2021.

- Liderança democrática: mais equilibrada e fundamentada no consenso. O líder é um facilitador, alguém que organiza o trabalho do time.
- Liderança liberal: centrada na autonomia dos profissionais, com uma menor participação do líder.
- Liderança coach: o líder atua como um treinador, estimulando e assistindo o desenvolvimento de todos os membros da equipe.
- Liderança servidora: firmada na empatia, que é uma aliada para que os objetivos da equipe sejam alcançados. É um pouco próxima da liderança compassiva.
- Liderança situacional: assume várias faces, mudando conforme as demandas e os contextos.

Mesmo que esteja começando a existir uma abertura maior para o debate sobre liderança, ainda há muitas pessoas pensando como a minha avó, por exemplo, que sempre repetia aquele ditado popular: "Manda quem pode, obedece quem tem juízo". Foi assim que grande parte da minha geração conquistou posições de liderança. Para muitos, é preciso ser autoritário e usar uma linguagem compatível com o perfil.

Essa noção da liderança pelo comando e pelo controle funcionava em estruturas organizacionais extremamente hierarquizadas e verticais. As decisões eram lentas, afinal, o ritmo e a sensação de tempo eram outros, e a percepção de cenário era estável, já que tudo permanecia igual por muito tempo. A liderança existia para manter a ordem, que era inquestionável. As informações eram controladas e sigilosas, poucos tinham conhecimento sobre as estratégias adotadas pela empresa. Cada departamento funcionava como uma tribo que cuidava do próprio espaço; eram poucas as interações, quase não havia colaboração e a competição era acirrada. Um estilo de gestão clássica da sociedade industrial.

Para relembrarmos, a era industrial clássica teve o seu princípio no final do século XIX, em decorrência da Revolução Industrial, iniciada na Inglaterra, e se estendeu até a metade do século XX. Foi um ciclo caracterizado pela intensificação da industrialização em plano mundial e por um ambiente empresarial estável, previsível e conservador no qual as pessoas – assim como máquinas, equipamentos e capital – eram consideradas recursos organizacionais. O capital financeiro, naquele contexto, era reconhecido como a principal fonte de riqueza organizacional, conforme destacou Perry Marvin em *Civilização ocidental: uma história concisa*.[7]

Tudo mudou. Com o desenvolvimento da tecnologia, das redes sociais e com maior acesso à informação, passamos a viver em uma sociedade na qual todos podem acessar conteúdos variados, sobre tudo. O cenário atual está em pleno movimento e é cheio de incertezas. Esta é uma era de mudanças, com ciclos cada vez mais rápidos e contínuos em escala global. As decisões precisam ser tomadas com agilidade e de modo descentralizado. É um contexto em que

---

[7] MARVIN, P. **Civilização ocidental:** uma história concisa. São Paulo: Martins Fontes, 2015.

as organizações são sistemas vivos e sempre em transformação. É a era do conhecimento.

A partir do início da década de 1990, com o grande desenvolvimento tecnológico, passamos a viver na era da informação. Segundo Peter Drucker, o novo grupo dominante é o dos trabalhadores do conhecimento, termo criado por ele em 1999.[8] Os líderes são responsáveis, por exemplo, pelo planejamento, pela tomada de decisões e pela resolução de problemas. Precisam ser especialistas em suas áreas, mas conhecer todo o negócio. E também lhes são exigidas alta qualificação, educação formal, aprendizagem contínua e a capacidade de aplicar seus conhecimentos.

Mais recentemente, em 2011, em uma feira industrial promovida na cidade de Hannover, na Alemanha, foi apresentado o termo "quarta revolução industrial",[9] que diz respeito a sistemas complexos, interligados, conectados à internet e baseados em inteligência artificial e em uma robusta organização de dados e informações. Um cenário em que, do Brasil, é possível acompanhar a atividade de uma máquina em uma fábrica instalada na Costa Rica, por exemplo.

Nas nossas conversas sobre o assunto, o fundador da consultoria Thymus Branding, Ricardo Guimarães,[10] sempre

---

[8] DRUCKER, P. **Administração em tempos de grandes mudanças**. São Paulo: Elsevier, 2011.

[9] INDÚSTRIA 4.0: as oportunidades da nova Revolução. **G1**, 19 jun. 2019. Disponível em: https://g1.globo.com/ms/mato-grosso-do-sul/especial-publicitario/sebrae-ms/sebrae-e-meu-proprio-negocio/noticia/2019/06/19/industria-40-as-oportunidades-da-nova-revolucao.ghtml. Acesso em: 6 jul. 2021.

[10] Ricardo Guimarães em entrevista à autora em 10 de abril de 2021.

destaca esses pontos, os quais ele resumiu especialmente para este livro:

> Somos sistemas vivos que trabalham em empresas que são sistemas vivos e que atuam em ecossistemas vivos. O sistema atual de empresas de sucesso envolve exatamente isso, a noção de existir de modo vivo, aberto, adaptativo. Pense no corpo humano, no qual todos os órgãos funcionam de maneira interdependente. Vivemos a realidade da interdependência, não da independência. Sabemos como fazer esse gerenciamento porque o nosso corpo já conhece o caminho. Mas é um conhecimento intuitivo que precisa ser instrumentalizado, como sendo ferramentas de gestão.

Estudo o tema há mais de uma década e garanto a você: a liderança precisa estar conectada e entender que o poder deve ser distribuído. O líder precisa inspirar, estimular a criatividade, ser flexível.

AOS GRITOS, NA REUNIÃO

O líder retrógrado e reativo, felizmente, já não tem mais o espaço que tinha antes. E aquele ditado, do qual a minha avó tanto gostava, pode ser considerado cada vez mais coisa do passado. Isso porque ninguém tem todas as respostas, e nem aos gestores é dado o direito de considerar quaisquer falhas imperdoáveis. É preciso que haja escuta, atenção e a noção de que somos todos vulneráveis.

Falo abertamente sobre o assunto porque já passei por todos os tipos de situação ao trabalhar com chefes controladores e autoritários. Você também deve ter passado por isso.

Certa vez, o presidente local de uma empresa bateu a mão na mesa de maneira agressiva, no meio de uma reunião com mais de quinze pessoas. Eu era gestora, e ele queria me intimidar, gritando: "DUVIDO! O que você está dizendo não faz sentido, me prove o contrário agora!". A minha reação foi toda errada: devolvi à altura e gritei também. A reunião acabou com todos indignados ao ver as duas pessoas mais seniores da companhia aos berros.

Não sinto orgulho da minha atitude, mas a compartilho aqui para juntos chegarmos à conclusão de que esse comportamento poderia até ser aceitável e valorizado há alguns anos, mas atualmente não faz o menor sentido. O líder que ainda pensa e age desse modo é ultrapassado e só serve para promover estresse, conflitos, distanciamento e falta de confiança em sua equipe.

INFELICIDADE E BURNOUT

Ao trabalhar em um ambiente assim, agressivo e desrespeitoso, corre-se o risco de adoecer física e mentalmente, como já mencionado, com quadros de ansiedade e de depressão, esta que, segundo a Organização Mundial de Saúde (OMS), será a doença mais comum do mundo em 2030.[11] A estimativa é de que a depressão atinja

---

[11] INGRID, G. Depressão em xeque. **VivaBem UOL**, 13 set. 2019. Disponível em: https://www.uol.com.br/vivabem/reportagens-especiais/depressao-realmente-e-o-mal-de-seculo-especialistas-buscam-responder-essa-questao/#cover. Acesso em: 29 jun. 2021.

322 milhões de homens e mulheres em todo o mundo, quase a população dos Estados Unidos. No Brasil, seriam 11,5 milhões de pessoas afetadas. Além disso, outros problemas ganham espaço, como a síndrome de burnout[12] – um distúrbio psíquico marcado pela tensão e pelo estresse provocados por condições de trabalho desgastantes, aflitivas. Um verdadeiro esgotamento.

Nunca se falou tanto sobre pessoas infelizes, estressadas, ansiosas, à beira de um ataque de nervos. Em estudo[13] da consultoria Gallup Brasil de 2019, feito com mais de 12 mil pessoas, 28% dos funcionários afirmaram que se sentem esgotados no trabalho "com muita frequência" ou "sempre". Outros 48% afirmaram sentir exaustão "às vezes". Convencionou-se ser "normal" viver infeliz. É como se sofrer de burnout fosse sinônimo de pertencimento, por mais incrível que possa parecer.

O problema, cujo alcance é mundial, levou o Parlamento europeu a aprovar, em janeiro de 2021, a proposta de iniciativa legislativa do eurodeputado maltês Alex Agius Saliba sobre o "direito a desligar".[14] Trata-se da permissão para não realizar atividades de trabalho ou se comunicar

---

[12] BRUNA, M. H. V. Síndrome de burnout (esgotamento profissional). **Drauzio**, [s.d.]. Disponível em: https://drauziovarella.uol.com.br/doencas-e-sintomas/sindrome-de-burnout-esgotamento-profissional/. Acesso em: 28 abr. 2021.

[13] A IMPORTÂNCIA em cuidar da saúde mental e emocional das equipes de trabalho. **Thank God It's Today**, 11 fev. 2021. Disponível em: https://blog.tgitoday.com.br/saude-mental/. Acesso em: 28 abr. 2021.

[14] FLOR, A. Parlamento Europeu considera "direito a desligar" um direito fundamental. **Público**, 25 jan. 2021. Disponível em: https://www.publico.pt/2021/01/25/sociedade/noticia/parlamento-europeu-considera-direito-desligar-direito-fundamental-1947668. Acesso em: 28 abr. 2021.

O líder precisa inspirar, estimular a criatividade, ser flexível.

com a empresa por meio de ferramentas digitais fora do horário do expediente.

Sempre que conversamos sobre o assunto, a doutora em Psicologia pela Universidade de São Paulo (USP) e CEO do Instituto Vita Alere, Karen Scavacini,[15] afirma que é importante o líder cuidar da saúde mental. Assim como também deve ter consciência de que o burnout é a ausência de limites.

Segundo ela, precisamos ficar atentos às diferenças entre estresse, ansiedade e burnout, e observar os sinais de cada um deles. O estresse é uma reação fisiológica do corpo frente aos estímulos externos, enquanto a ansiedade é algo mais persistente, considerada um distúrbio caracterizado pelo excesso de preocupação com o futuro. Já o burnout, como vimos há pouco, é resultante do estresse crônico relacionado ao trabalho.

A síndrome passou a ser mais conhecida depois que a jornalista e escritora Izabella Camargo revelou ter passado pelo problema. Ela, que trabalhou na Rede Globo de Televisão, até escreveu um livro sobre as percepções do tempo e sobre o burnout como uma das consequências de tudo o que vivemos hoje: *Dá um tempo! Como encontrar limite em um mundo sem limites.*[16] Izabella é um caso entre quase 20 milhões de brasileiros que sofrem com a síndrome, de acordo com pesquisa da Faculdade de Medicina da Universidade de São Paulo (FMUSP).[17]

---

[15] Karen Scavacini em entrevista à autora em 7 de maio de 2021.

[16] CAMARGO, I. **Dá um tempo!**: Como encontrar limite em um mundo sem limites. Rio de Janeiro: Principium, 2020.

[17] MARTINS, E. Depressão e ansiedade: a síndrome que atinge 20 milhões de brasileiros. **Época**, 13 dez. 2019. Disponível em: https://epoca.globo.com/brasil/depressao-ansiedade-sindrome-que-atinge-20-milhoes-de-brasileiros-24135915. Acesso em: 28 abr. 2021.

Quando estamos exaustos, a maior parte da nossa energia é dedicada à sobrevivência, não ao desenvolvimento e à produtividade. Infelizmente, ainda se sustenta o conceito de que, para sermos produtivos, é preciso trabalhar muitas horas. Isso é o que pregam os líderes inconscientes, gestores que têm causado grandes danos à saúde mental das suas equipes.

Em pesquisa realizada em 2020 pelo Icict/Fiocruz,[18] detectou-se que sintomas de ansiedade e depressão afetaram 47,3% dos trabalhadores de serviços essenciais durante a pandemia de covid-19 no Brasil e na Espanha. Mais da metade deles – 27,4% do total de entrevistados – sofreu de ansiedade e depressão ao mesmo tempo. Além disso, 44,3% abusaram de bebidas alcoólicas e 42,9% sofreram mudanças nos hábitos de sono.

MAIS MULHERES LÍDERES

Chegou a hora de abrir espaço para um novo tipo de liderança, um modelo que valorize o amor, a diversidade e a inclusão. É importante notar que a ausência de equidade de gênero nas organizações contribui para toda essa crise na hora de gerenciar equipes.

Com base em tudo o que já vivi e estudei sobre o assunto, afirmo que a baixa representatividade de mulheres em posições de liderança reforça o problema do estresse, do burnout e da falta de diversidade nas organizações.

---

[18] PESQUISA analisa o impacto da pandemia na saúde mental de trabalhadores essenciais. **Fiocruz**, 29 out. 2020. Disponível em: https://portal.fiocruz.br/noticia/pesquisa-analisa-o-impacto-da-pandemia-na-saude-mental-de-trabalhadores-essenciais. Acesso em: 5 jul. 2021.

Infelizmente, algumas das conquistas recentes relacionadas à equidade de gênero regrediram no último ano. No terceiro trimestre de 2020, devido ao cenário de retração econômica causado pela pandemia de covid-19, o Brasil registrou 8,5 milhões de mulheres a menos na força de trabalho,[19] em comparação com o mesmo período de 2019, segundo dados do Instituto Brasileiro de Geografia e Estatística (IBGE) obtidos na Pnad Contínua. A pesquisa mostrou ainda que a participação feminina na força de trabalho ficou em 45% do total de trabalhadores, um percentual 14% menor que em 2019.

Não tenho dúvida de que, quando homens e mulheres ocupam cargos de liderança e trabalham juntos, as organizações obtêm resultados melhores, mais crescimento, criatividade e inovação.

O mais recente estudo da consultoria McKinsey & Company sobre mulheres e trabalho, conhecido como *Women in the Workplace*,[20] confirma a relação positiva entre diversidade de gênero em cargos de direção e resultados. Na América Latina, por exemplo, empresas lideradas por mulheres têm 50% mais chances de crescimento. A conclusão está embasada no desempenho de setecentas empresas de capital aberto distribuídas por seis países: Brasil, Chile, Peru, Colômbia, Panamá e Argentina.

---

[19] BRIGATTI, F. Pandemia deixa mais da metade das mulheres fora do mercado de trabalho. **Folha de S.Paulo**, 1º fev. 2021. Disponível em: https://www1.folha.uol.com.br/mercado/2021/02/pandemia-deixa-mais-da-metade-das-mulheres-fora-do-mercado-de-trabalho.shtml. Acesso em: 28 abr. 2021.

[20] CAURY, S. et al. Women in the Workplace 2020. **McKinsey & Company**, 30 set. 2020. Disponível em: https://www.mckinsey.com/featured-insights/diversity-and-inclusion/women-in-the-workplace#. Acesso em: 29 abr. 2021.

INCLUSÃO E DIVERSIDADE

O levantamento da McKinsey ainda nos traz que 60% das mulheres que estão em posição de liderança reconhecem publicamente outras mulheres negras por suas ideias e ações no trabalho, enquanto apenas 40% dos homens agem desse modo. Quanto à igualdade de gênero, 42% dos homens apoiam o equilíbrio nesse sentido, contra 61% das mulheres favoráveis à causa.

No caso das mulheres trans, as dificuldades são ainda maiores.[21] Conforme análise feita pela plataforma on-line TransEmpregos, voltada para profissionais com esse perfil, o preconceito sofrido pelas mulheres trans envolve primeiro a identidade e, em seguida, o gênero em si.

É importante destacar ainda que as empresas precisam estar prontas para ter, em seus quadros, cada vez mais funcionários não binários, aqueles que não se identificam exclusivamente com nenhum dos gêneros ou com os dois.[22]

Vale aqui reforçar que o olhar das lideranças femininas é diferenciado no que se refere à inclusão, ao acolhimento. As empresas que desejam ser inclusivas, promover a saúde mental dos colaboradores e tornar os ambientes

---

[21] TITO, V. Mercado é mais difícil para mulheres trans do que para homens trans. **Correio Braziliense**, 7 mar. 2021. Disponível em: https://www.correiobraziliense.com.br/euestudante/trabalho-e-formacao/2021/03/4910729-mercado-e-mais-dificil-para-mulheres-trans-do-que-para-homens-trans.html. Acesso em: 29 jun. 2021.

[22] EMPREGADORES se preparam para um mundo de gênero não binário. **Estadão**, 28 dez. 2019. Disponível em: https://economia.estadao.com.br/blogs/radar-do-emprego/empregadores-se-preparam-para-um-mundo-de-genero-nao-binario/. Acesso em: 29 jun. 2021.

corporativos seguros precisam começar pela equidade de gênero em posições executivas.

Além disso, há outras questões a serem resolvidas no que se refere à diversidade e à inclusão. Poucas pessoas têm consciência de que o Brasil possui 45 milhões de pessoas com algum tipo de deficiência e que apenas 1% desse contingente atua no mercado de trabalho, segundo dados do IBGE.[23]

É preciso olhar para os problemas sob uma nova perspectiva. Não adianta, por exemplo, abrir comitês e criar sistemas de cotas se a gestão da empresa não consegue enxergar verdadeiramente os benefícios da diversidade, que é um conceito amplo.

Já passou da hora de despertar para essas questões. E, por falar nisso, chegou o momento das práticas meditativas, aquelas que o ajudarão a olhar melhor para si mesmo, a ter mais foco, consciência, equilíbrio e compaixão. A estar presente e começar a seguir o seu caminho rumo à liderança compassiva.

---

[23] ARIAS, J. Os 45 milhões de brasileiros com deficiência física são os novos párias. **El País**, 8 maio 2019. Disponível em: https://brasil.elpais.com/brasil/2019/05/08/opinion/1557340319_165119.html. Acesso em: 29 abr. 2021.

MEDITAÇÃO PARA UMA PAUSA CONSCIENTE

Este é um convite para que você faça uma pausa e apenas se conecte com este momento de leitura. Ofereça a si mesmo alguns momentos de silêncio para estabilizar a mente e manter o foco agora.

As reflexões feitas neste capítulo devem estar gerando reações diferentes em você. E o convite é que você apenas observe, sem julgamento, todos os pensamentos e todas as emoções que possam estar passando pela sua mente e sendo transmitidos pelo seu corpo agora como uma oportunidade de auto-observação.

Siga a prática abaixo ou escute a meditação guiada no site do livro:

www.ligiacosta.com.br/livro

- Check-in: sente-se em um lugar confortável, preste atenção à postura, fique atento à respiração.
- Prática: com curiosidade e gentileza, apenas permita-se observar se sua mente está agitada,

quais pensamentos, ideias, insights surgem. Deixe que esses pensamentos apareçam, observe-os sem julgá-los. Você pode nomear o pensamento toda vez que observá-lo. Sempre que notar distrações, concentre-se na respiração e, assim, mantenha-se atento.
- Sugestão de tempo: permaneça, se possível, de três a cinco minutos apenas com essa atividade de observação.

JOURNALING

Escreva por dois minutos. O que você observa na sua mente ao final da prática? Investigue se sua mente está mais calma, se os pensamentos surgem com menos velocidade, se a sua respiração está em um ritmo mais tranquilo. Apenas faça anotações sem julgamento.

MULTIPLIQUE A CONVERSA

Que tal contar para alguém sobre o tema deste livro e explorar o seu aprendizado? Multiplique o debate para ser um agente de transformação.

capítulo 2

QUEM SOU EU? QUE LÍDER QUERO SER?

> **"A vulnerabilidade é o berço da inovação, da mudança e da criatividade."**
> Brené Brown, pesquisadora e autora norte-americana

Alguma vez você já parou para pensar sobre o seu estilo de liderança? Onde será que você se encaixa na lista apresentada no capítulo anterior? Você se considera autocrático? Democrático? Liberal? Coach? Servidor? Com tantas mudanças ocorrendo em tão pouco tempo, é saudável, e altamente recomendável, que você olhe para si, que questione os próprios valores e necessidades. Muitos estão vivendo esse processo, pessoas que, de algum modo, não se sentem parte do todo, que não encontram equilíbrio e significado no trabalho. São gestores que não conhecem os seus limites e vivem: ansiosos, angustiados, sobrecarregados.

Um bom exemplo disso é o publicitário Nizan Guanaes. Em entrevista à jornalista Izabella Camargo,[24] ele contou que teria "chegado mais longe" se soubesse o que sabe atualmente sobre bem-estar e saúde mental. E que não teria menosprezado os colegas que faziam "análise e meditação" décadas atrás. Segundo Guanaes, era tudo uma questão de "ignorância", de desconhecimento a respeito de ferramentas como o mindfulness, por exemplo. Em suas próprias

---

[24] CAMARGO, I. [**Carreira e saúde mental com Nizan Guanaes**]. 20 jan. 2021. Instagram: @izabellacamargoreal. Disponível em: https://www.instagram.com/tv/CKSR69sh2E9/?igshid=135sta6nwh6z3. Acesso em: 4 maio 2021.

palavras, ele disse que "era uma pessoa de sucesso, mas não um sucesso de pessoa".

E não para por aí. Na opinião do publicitário, é "muito mais eficiente" quem é "profundamente disciplinado com o seu tempo", destacando que o trabalho em excesso não deve ser visto como um mérito. Ele contou também que, nos cursos que faz na Universidade Harvard, nos Estados Unidos, ouve-se falar cada vez mais sobre a importância da prática de atividade física e da meditação.

Agora, diga-me, você se identificou com o publicitário, que é um dos profissionais mais reconhecidos na área dele no Brasil?

Muitos de nós fomos criados para estudar e trabalhar em grandes empresas, para nos tornarmos líderes bem-sucedidos e ter um único empregador a vida toda. Assim teríamos uma base sólida para formar uma família e alcançar, em uma tacada só, felicidade, sucesso e satisfação profissional.

No dia em que você recebeu a sua promoção de líder, provavelmente suspirou e disse: "Pronto, agora vai ficar fácil". Ou ainda: "Vai ter um monte de gente trabalhando para mim e eu vou receber os louros por todas as conquistas". Ao longo do caminho, no entanto, você foi percebendo que liderar dá trabalho, exige novos comportamentos e novas atitudes, menos técnica e mais estratégia, uma visão ampliada do mercado, da equipe e de si próprio.

Um choque de realidade, certo? Nossas escolas de liderança foram – e, em certa medida, continuam sendo – pautadas por conflitos, territorialidade e exercício brutal de poder. O modelo tradicional foi arquitetado para agir em competições, com foco na sobrevivência, na conquista e na derrota do "inimigo". Um estilo de gestão que privilegia características convencionadas como masculinas pelo uso da força e da agressividade e ignora as referências mais relacionadas à empatia e à colaboração.

Dentro da lógica antiga de que liderar é ter poder sobre o outro, ainda estão enraizados nas pessoas conceitos como o de que é preciso "falar alto" para ser respeitado, dar sempre a última palavra e, claro, nunca expor as próprias emoções para a equipe. As gestoras que fogem a esse padrão mais duro são tidas como "fracas", assim como os gestores são considerados vulneráveis, inseguros e sem pulso quando fogem do roteiro mais tradicional.

Por mais estranho que possa parecer – e por mais que o mundo tenha mudado –, esse modelo antigo de liderança ainda é muito forte e presente. Se você está lendo este livro agora, é porque tem consciência de que não dá mais para seguir desse jeito. Você entende que ser um líder gentil dá trabalho, mas é a única escolha possível se pretende construir uma carreira de liderança nas próximas décadas.

Não caia na ilusão de que é mais fácil deixar tudo como está, montar uma equipe com pessoas da sua rede, do seu próprio networking, que pensam igual a você. Fuja da armadilha de que "em time que está ganhando não se mexe", frase clássica dos gestores que não desejam se expor ou assumir riscos.

Por muitos anos, você acreditou que, quanto maior a produtividade do trabalhador, maior o reconhecimento, e que não havia a necessidade de equilibrar vida pessoal e profissional. Você aprendeu a trocar o seu tempo por dinheiro e poder, mas, neste exato momento, você se vê exausto, cansado e esgotado.

Você já percebeu que dinheiro, reconhecimento e fama não o farão feliz, mas, sem perceber, continua se comparando aos outros. Quando se dá conta, está reclamando de não ter conquistado isso ou aquilo. Vive tenso e com a mente agitada, e também se julgando e se culpando na maior parte do tempo.

É hora de se questionar: onde será que me encaixo? Que tipo de líder pretendo ser? Ainda estou apegado a esse modelo antigo de gestão? O que fazer para me libertar disso? Será que eu consigo?

À SUA ESPERA

Você consegue, garanto que consegue. Basta querer, ter a consciência de que o passado já passou e buscar as respostas que faltam para liderar de um jeito novo. As mais importantes e atuais reflexões sobre o assunto estão aqui mesmo, nas próximas páginas, à sua espera.

Entendo o seu sentimento, a sua dúvida. Você tem a clareza de que agora o trabalho é visto de outra maneira e que é importante fazer parte desse movimento. Liderar é muito mais do que carregar um título, é servir ao outro. Ninguém falou que seria fácil, mas, com entendimento e vontade, é possível.

O seu receio, a sua insegurança sobre como agir, vem do fato de que, há anos, chefes nada inspiradores têm estado no comando. São homens e mulheres autoritários, que prezam pela hierarquia e só pensam na busca pelo poder. É um modelo enraizado, difícil de romper. Basta lembrar-se do Nizan Guanaes, que citamos um pouco antes. Um profissional muito competente e bem informado, mas que somente agora percebeu o problema, anos depois de ser considerado um dos melhores no seu segmento no Brasil. Perceba como muitas pessoas, assim como você, estão refletindo sobre novos modelos de liderança neste momento.

Já tive várias experiências com superiores conduzindo seus times com tirania. Hoje sei que eles me ajudaram a chegar até aqui e me fizeram refletir, querer mudar. E eu, de fato, mudei.

Certo dia, em 2005, quando trabalhei em Brasília para uma empresa de telecomunicações, o diretor da área me chamou para um feedback. Logo percebi que ele estava alterado: respirava de maneira curta, o caminhar era pesado, o olhar transmitia raiva. Ele andava com os olhos fitos no chão, e eu o seguia. Caminhamos até a sua sala. Naquela época, todos os chefes tinham salas isoladas – não apenas para intimidar mas também para que a hierarquia fosse estabelecida por meio do distanciamento físico.

Assim que entrei – atrás dele, lógico –, ouvi a porta da sala batendo. Foi claramente um movimento de impulsividade e raiva. Nem olhei para trás, me mantive firme. Foram alguns segundos de tensão até que escutei as primeiras palavras: "Ligia, sente-se". Ele caminhou por trás de mim, circulou a mesa e se sentou em seu "trono". Como ele era de estatura mediana, a cadeira estava regulada para permanecer mais alta. Ao se sentar, ele ainda fez alguns ajustes para ficar mais alto e me olhar de cima para baixo. Seu peito estufava, as mãos foram apoiadas na mesa, o olhar desviava do meu, o incômodo era claro.

Diante daquilo tudo, tive certeza de que eu devia ter feito algo muito errado, mas não conseguia me lembrar de nenhum erro cometido, pelo contrário. Meus resultados eram excelentes, a minha equipe tinha uma ótima avaliação e todos os projetos haviam sido aprovados naquela semana.

Meu gestor, então, em um tom de voz bastante agressivo, disse: "Eu não quero nunca mais que você fale com o João. Além de homem falar para homem, ele tem o mesmo nível hierárquico que o meu. E você não pode falar com ele. Está entendendo? Aqui é assim e, se você falar novamente com ele, vou tirá-la do projeto. Tudo de que precisar, você fala para mim, que eu comunico a ele".

Dá para acreditar na cena? No início, escutei tudo olhando para ele, respondi aos seus argumentos e apresentei a minha posição, o porquê da minha atitude e os motivos que me fizeram me comunicar diretamente com outro diretor. Quanto mais eu falava, mais ele se irritava e me intimidava com prepotência e argumentos infundados. E assim foi até que, em certo momento, não aguentei: meus olhos marejaram e, sem perceber, comecei a chorar.

Era tudo muito gratuito e irracional; era mais uma sessão de descarrego e uma demonstração de fragilidade e insegurança do que qualquer avaliação sensata de performance. Uma discussão não sobre resultados, mas sobre uma disputa de egos, sobre a necessidade de poder e reconhecimento por um profissional que se encontrava no comando e que liderava pelo controle. Ao perceber a minha fragilidade e por ter atingido o seu objetivo, ele parou de falar. Fui embora dali sem argumentar mais nada, eu não venceria aquela batalha.

Você já viveu alguma situação parecida? Como se sentiu? É desanimador, certo? Mas essa é uma maneira retrógrada de liderar, já não funciona mais. As estruturas das empresas mudaram, o recebimento de informações está descentralizado, a tecnologia alterou esse padrão faz tempo. E a boa notícia é que o debate está aberto. Não se fala mais em liderar pelo poder, mas, sim, pela compaixão, fazendo uso de novas habilidades. É questão de estar atento à experiência e à necessidade dos outros. Os resultados colhidos serão frutos da sua gestão e do bem-estar que você proporciona à sua equipe.

LIMITES ULTRAPASSADOS

A tecnologia criou e cria, todos os dias, novas oportunidades – e algumas amarras também e é notável que a exigência de estar conectado é cada vez maior. Parece óbvio, eu sei, mas vale lembrar que, mesmo com todas as facilidades de comunicação, os sistemas remotos e as atuais jornadas em casa (home office), a nova economia não pode se desenvolver à margem da legislação. Não podemos exigir que alguém esteja disponível vinte e quatro horas por dia.

Na teoria, tudo é muito claro. Na prática, no entanto, os limites são ultrapassados com muita facilidade. É a lógica do entregar sempre mais resultados, trabalhar por três para compensar a redução no quadro de funcionários, ficar muitas horas à disposição da empresa e assim por diante. Não à toa, exatamente por isso, as rotinas familiares vêm sendo afetadas e transformadas de modo negativo.

São pais e mães cada vez mais conectados, mais vinculados ao escritório e distantes dos filhos.[25] Chegamos ao ponto de que um maior número de crianças está incomodado com o tempo que os pais passam ao celular. Segundo

---

[25] SCHIAVON, F. Filhos reclamam que pais ficam tempo demais no celular e não dão atenção a eles. **Folha de S.Paulo**, 4 ago. 2019. Disponível em: https://f5.folha.uol.com.br/viva-bem/2019/08/filhos-reclamam-que-pais-ficam-tempo-demais-no-celular-e-nao-dao-atencao-a-eles.shtml. Acesso em: 5 maio 2021.

dados de pesquisa da ONG Sense Media,[26] em 2016, 28% dos meninos e meninas se queixavam da permanência dos seus responsáveis ao celular, percentual que subiu para 39% em 2019. Os números se referem aos Estados Unidos, mas o cenário não deve ser muito diferente no Brasil. Na verdade, pode muito bem ser pior.

Segundo a pesquisa *Digital 2020 Global Overview Report*,[27] o Brasil é o segundo país do mundo que passa mais tempo conectado à internet. A pesquisa revela que, em média, cada pessoa no mundo passa seis horas e quarenta e dois minutos conectada, mas a média do brasileiro é ainda maior: ficamos conectados por nove horas e vinte e nove minutos todos os dias. Isso quer dizer que, dos 365 dias do ano, em 145 deles nós ficamos on-line.

Observo no meu entorno que sobrecargas, metas, horas extras, pressão e uma cultura pouco colaborativa são causas de esgotamento entre executivos, funcionários e empreendedores nas companhias. Não faz muito tempo, ouvi de um executivo de vendas de uma multinacional do setor de cosméticos que preferiu não se identificar, em uma conversa informal, o relato a seguir:

"Amo trabalhar e, quando vejo, estou à disposição da empresa até meia-noite, 1 hora da manhã no computador.

---

[26] COMMON SENSE. **The Common Sense Census**: plugged-in parents of tweens and teens. San Francisco: Common Sense Media, 2016. Disponível em: https://www.commonsensemedia.org/sites/default/files/uploads/research/common-sense-parent-census_whitepaper_new-for-web.pdf. Acesso em: 16 jul. 2021.

[27] KEMP, S. Digital 2020: 3.8 billion people use social media. **We Are Social**, 30 jan. 2020. Disponível em: https://wearesocial.com/blog/2020/01/digital-2020-3-8-billion-people-use-social-media. Acesso em: 1º jun. 2021.

Isso todos os dias. Somente agora estou me dando conta do excesso. Preciso aprender a delegar."

Você deve ter aprendido que precisa estar disponível vinte e quatro horas e que deve responder a todas as solicitações no menor tempo possível. Pois pare e pense um pouco nos dados da pesquisa Gallup 2019,[28] que traremos a seguir, e que diz respeito a essas situações, sobre toda a carga que leva muitos empregados a terem que lidar com o burnout.

O estudo traz que 76% dos colaboradores enfrentam a exaustão profissional de vez em quando. Para 28%, esse esgotamento é frequente. E tem mais: profissionais com tarefas em excesso têm uma probabilidade 2,2 vezes maior de dizer que experimentam burnout com muita frequência ou sempre. Aqueles que são tratados de maneira injusta têm uma probabilidade 2,3 vezes maior de entrar para as estatísticas dos que estão enfrentando o distúrbio.

Na minha avaliação, ser multitarefa e estar simultaneamente em todos os lugares não é sinônimo de produtividade. Conforme o doutor em Psicologia Jim Taylor publicou em seus estudos,[29] podemos chegar a 40% de ineficiência ao tentar realizar tarefas de maneira simultânea. A configuração do ser humano não é ser multitarefa, nosso cérebro precisa se acostumar com uma atividade para aí passarmos para outra sem perder a eficiência.

---

[28] WIGERT, B. Employee Burnout: The Biggest Myth. **Gallup**, 13 mar. 2020. Disponível em: https://www.gallup.com/workplace/288539/employee-burnout-biggest-myth.aspx. Acesso em: 5 maio 2021.

[29] ESPINHA, R. G. *Single-tasking* e o mito da produtividade multitarefa. **Artia**, [s.d.]. Disponível em: https://artia.com/blog/single-tasking-e-o-mito-da-produtividade-multitarefa/. Acesso em: 5 jul. 2021.

Carol Miltersteiner, brasileira residente na Holanda, trouxe boas reflexões sobre o tema em seu livro *Minhas páginas matinais: crônicas da Síndrome de Burnout*.[30] Autodenominada overachiever[31] – característica daqueles que têm a capacidade de completar tarefas acima e além das expectativas e que estabeleceram metas de carreira muito elevadas para si –, ela destaca que profissionais como ela só param quando adoecem. E aí já é tarde demais.

Observe mais um depoimento sobre o tema, dado pela empreendedora digital Rafa Cappai:[32] "Trabalho com marketing digital e, a cada dia, existe uma nova estratégia de ação no mercado. Quando percebi, não conseguia mais parar, estava trabalhando para o Mark Zuckerberg, o dono do Facebook, e não para a minha empresa. O meu ritmo me causou transtorno alimentar compulsivo, obesidade e uma severa crise de burnout que me acompanha há alguns anos".

As pessoas estão mentalmente perturbadas e cumprindo seus afazeres sem foco. Abrir diversas telas do computador e ter notificações o tempo todo no celular não contribuem para que você realize as suas atividades, mas, sim, para que você "apague incêndios" o dia todo. Essas jornadas excessivas sem foco e sem clareza de objetivos, baseada apenas no faturamento, formam uma liderança fragilizada, adoecida e com baixa consciência.

---

[30] MILTERSTEINER, C. **Minhas páginas matinais**: crônicas da Síndrome de Burnout. Independently Published: 2020.

[31] OVERACHIEVER. In: **WordReference.com**: dicionários on-line de idiomas, 2021. Disponível em: https://www.wordreference.com/enpt/overachiever. Acesso em: 1º jun. 2021.

[32] CAPPAI, R. [**Burnout e afins: minha história, tratamentos, perguntas e respostas**]. 3 mar. 2021. Instagram: @rafacappai. Disponível em: https://www.instagram.com/tv/CL-Ywn2Fw6M/?igshid=5b40rlny6zib. Acesso em: 5 maio 2021.

A felicidade se sustenta na conexão de cada pessoa com a sua própria alma e não em outras fontes, como o dinheiro e a projeção social.

DINHEIRO, FAMA E FELICIDADE

Quando as pessoas entram no mercado de trabalho ainda jovens é natural desejarem bens materiais, promoções instantâneas, muito dinheiro para satisfazer todas as suas necessidades e ultrapassar a simples sobrevivência. Bem, todos merecem viver em abundância e usufruir de tudo que a vida pode oferecer.

"Nunca me esqueço do dia em que vi a diretora saindo da garagem da companhia com um Audi. Ela estava sempre impecável, cada dia com um sapato e uma bolsa diferentes, meus sonhos de consumo", disse a executiva Paula, em uma ocasião em que conversávamos sobre líderes inspiradores.

"Quero ser presidente de empresa", ouvi de um estagiário no dia em que perguntei sobre os seus planos de carreira nos próximos dois anos. Sim, você leu certo: em dois anos, o estagiário queria ser presidente.

Você se identifica com as falas apresentadas? Quando pensa em avançar na carreira é, acima de tudo, para ganhar bem? Pois aqui eu deixo um alerta: liderar pelo ego, pelo status, buscando apenas o poder, é um modelo antigo, não sustentável a longo prazo.

Nesse sentido, o professor da Universidade da Pensilvânia, nos Estados Unidos, psicólogo, pesquisador e escritor Martin Seligman explica, no livro *Felicidade autêntica*,[33] que a felicidade se sustenta na conexão de cada pessoa com a sua própria alma e não em outras fontes, como o dinheiro e a projeção social.

---

[33] SELIGMAN, M. E. P. **Felicidade autêntica:** use a psicologia positiva para alcançar todo seu potencial. Rio de Janeiro: Objetiva, 2019.

Para o autor, há três modos de felicidade, que podem ser compreendidos em três tipos de vida: vida de prazeres, vida de engajamento e vida com significado.

Quando lideramos pelo ego, privilegiando o prazer, eis o primeiro tipo. Todo mundo quer ter uma casa linda e um carro novo na garagem. E, sim, nos sentimos felizes quando compramos um celular novo, uma roupa, uma bolsa especial. Mas que fique claro: trata-se de uma alegria passageira. Essa euforia pelo consumo nos vicia nesse jeito de viver, um ciclo que não tem fim.

Já a vida de engajamento, o segundo estilo, é um pouco mais sustentável. Isso porque ela nos traz autoconhecimento e clareza dos nossos valores, talentos e habilidades. Sabemos quem somos e nos colocamos a serviço dos outros. Assim ocorre com os artistas, os escritores, os atletas que disputam uma prova importante, os líderes motivados que têm prazer em conduzir as suas equipes. Nesse modelo, todos os profissionais sentem felicidade e plenitude.

O terceiro estilo de viver, a chamada "vida com significado", é a soma da vida de engajamento com o poder de impactar o outro. Vida com significado é quando você tem clareza de quem você é e ainda é capaz de colocar-se a serviço do outro, impactando a sua comunidade e contribuindo para que todos atinjam potencialidade máxima.

E agora, à luz dessas reflexões, será que você ainda acredita que o sentido da liderança, na sua vida, está apenas no acúmulo de riquezas? Ou você pode mais do que isso?

Em uma entrevista franca sobre esses assuntos concedida a mim, no meu canal no YouTube,[34] o executivo João Pacífico, fundador do Grupo Gaia, influenciador digital e autor do livro *Onda azul*,[35] explicou como a sua visão sobre liderança mudou com o tempo. Sinta a força do relato:

"Comecei a estudar felicidade e a investir na felicidade das pessoas que trabalham comigo. Aplicando isso dentro de casa, conseguimos atrair grandes talentos. As pessoas querem trabalhar conosco pelo nosso propósito, fazer parte de um sonho e construir isso junto", afirmou João Pacífico.

Um dos seus grandes objetivos profissionais é estimular o questionamento e a transformação de como as coisas são. "Quero fazer com que as empresas e os líderes reflitam e façam as coisas de maneira diferente. Não é muito o que você faz, nem como você faz, mas por que você faz", explicou ele.

Para aqueles que ainda acreditam que falar sobre felicidade é utopia e não um objetivo real, João afirmou que isso tem relação com o modo como o cérebro e a sociedade funcionam.

O nosso cérebro é muito ruim para prever o que nos faz feliz. O cérebro e o meio em que estamos nos enganam com relação ao valor do poder e do dinheiro. Muitas pessoas conquistam as duas coisas e percebem que sentem um vazio. Se você olhar a sua conta e nela tiver um monte de dinheiro enquanto, no seu cotidiano, não houver a presença dos amigos e da família, só a pressão do trabalho,

---

[34] JOÃO Pacífico | Grupo Gaia. 2020. Vídeo (34min51s). Publicado pelo canal Ligia Costa - TGI Today. Disponível em: https://www.youtube.com/watch?v=4dxwp35rYl4. Acesso em: 29 jun. 2021.

[35] PACÍFICO, J. P. **Onda azul**. São Paulo: Trilha das Letras, 2017.

você para, pensa e reflete: "Vale a pena chegar ao final da carreira e se sentir triste, sozinho?". Faz sentido?

Seguindo com as colocações do Pacífico, peço que você reflita sobre o sentido do dinheiro aliado ao crescimento profissional. "É mesmo interessante investir os seus esforços em uma empresa que terá um lucro grande, mas faz mal para o planeta, para o meio ambiente, para o seu pai?", questionou ele.

No livro *Pai rico, pai pobre*,[36] é apresentado o conceito da "corrida de ratos", expressão que descreve a busca por dinheiro e reconhecimento alheia a qualquer propósito. Apenas sairemos desse círculo vicioso no dia em que estivermos, de fato, conscientes das nossas escolhas e vivendo no momento presente. É preciso parar de agir como roedores que correm em busca de conquistas que nunca são suficientes, pois a atitude só gera autodestruição.

PILOTO AUTOMÁTICO

E por falar em não viver, de fato, o momento presente, pergunto a você: quantas vezes a sua mente desviou da leitura desde que você começou a ler este capítulo?

Está cada vez mais difícil viver no hoje. Pode parecer um clichê, mas talvez você já tenha ouvido que a era da informação se transformou na era da distração. O uso descontrolado do celular, o volume de informações que recebemos e a falta de concentração e de foco em momentos importantes do dia, tanto no trabalho quanto em casa, são cada vez mais frequentes.

---

[36] KIYOSAKI, R. T. **Pai rico, pai pobre**. Rio de Janeiro: Alta Books, 2017.

Manter-se plenamente atento e viver o agora tornou-se um desafio que precisa ser superado o tempo todo. Verifique se você se identifica com alguma(s) das afirmações a seguir:

- Está constantemente pensando no futuro.
- Toma decisões baseado sempre no passado.
- Reage a situações e conversas sempre de modo reativo e crítico.
- Quando menos percebe, esqueceu o que tinha que fazer, está o tempo inteiro distraído. Por exemplo: está lendo um livro, mas, quando vai ver, ficou dez minutos sem virar a página.

Por acaso você se viu em algum desses pontos? Todos são consequências de viver a maior parte do tempo no modo piloto automático. Apesar de ser necessário em algumas situações, esse estado pode impedir que você viva no momento presente. O cérebro é o órgão do corpo que mais precisa de energia[37] – não à toa, já que ele controla todo o restante. Por isso, ele está constantemente buscando reduzir o gasto energético. Uma das maneiras de fazer isso é colocar em segundo plano algumas tarefas que executamos, em especial as mecânicas e mais repetitivas. Alguns exemplos que você certamente vai identificar no seu dia a dia:

---

[37] LÓPEZ, A. G. O cérebro queima em um dia as mesmas calorias que correr meia hora. Então, pensar muito emagrece? **El País**, 27 nov. 2018. Disponível em: https://brasil.elpais.com/brasil/2018/11/23/ciencia/1542992049_375998.html?ssm=TW_CC. Acesso em: 6 maio 2021.

- Fazer o caminho para o trabalho e só perceber quando chega ao destino.
- Realizar alguma tarefa repetitiva no trabalho sem realmente estar prestando atenção.
- Trancar o carro ou a casa e depois se questionar se realmente fechou a porta – quem nunca conferiu mais de uma vez, só para garantir?

Quando passamos muito tempo executando tarefas de maneira automática é comum que haja interferência também em situações nas quais precisamos estar conscientes. Quem nunca se distraiu em meio a uma reunião longa? Ou, sem nem perceber, pegou o celular durante uma conversa importante com alguém? Quantas vezes seu funcionário pediu uma conversa e você respondeu "Fala que estou ouvindo", mas estava ao mesmo tempo digitando ou ao telefone? Quem nunca errou caminho, esqueceu em casa o envelope que deveria levar para a mãe, foi ao supermercado e se esqueceu de comprar justamente aquilo que foi lá para comprar? Enfim, eu poderia apresentar uma centena de exemplos do quanto vivemos, desligados.

Estar distraído na maior parte do tempo, como líder, pode afetar o desempenho da sua equipe. Quando se está no piloto automático, os feedbacks podem ser prejudicados, assim como a possibilidade de reconhecer o bom trabalho que está sendo realizado.

Não só o trabalho é afetado pelo piloto automático. Até mesmo algumas das nossas decisões de vida mais importantes correm o risco de serem tomadas sob essa influência se não nos mantivermos atentos para viver no presente.

"Agora é tarde. Meus filhos cresceram, estão com 16 e 18 anos e só neste momento estou percebendo que eu os poderia ter levado mais à escola e ao pediatra. Sempre achei que esse papel era só da minha mulher, vejo claramente que era uma crença e um viés inconsciente que não me permitiram usufruir dos melhores momentos deles. Agora, passou", disse-me um executivo de 56 anos com os olhos mareados em um treinamento de equidade de gênero.

O neuropsiquiatra austríaco Viktor Frankl (1905-1997), autor de diversas obras, entre as quais *Em busca de sentido: um psicólogo no campo de concentração*,[38] explica que, entre o estímulo e a reação, há um espaço, um pequeno intervalo. Nele reside o nosso poder de escolher a resposta. Na nossa resposta, por sua vez, está o nosso crescimento, a nossa libertação.

Passamos anos repetindo padrões, muitas vezes nos encontramos reféns das respostas imediatas quando o resultado alcançado seria muito melhor se ampliássemos esse espaço entre o estímulo e a reação.

Sair do piloto automático para estar no momento presente, reconhecer minhas necessidades e observar o que é preciso para ser um líder que inspira pelo exemplo não é fácil. Por esse motivo, nós nos espelhamos e reconhecemos a necessidade de buscar o líder ideal, respeitado e amado por todos.

Neste momento, a meditação mindfulness é nossa maior aliada. Mindfulness é estarmos no momento presente, com atenção ao nosso corpo, à nossa mente e ao ambiente externo com curiosidade e bondade.

---

[38] FRANKL, V. E. **Em busca de sentido:** um psicólogo no campo de concentração. Petrópolis: Vozes, 2017.

MEDITAÇÃO PARA ACEITAÇÃO

Este é um convite para que você pause e apenas se conecte com este momento de leitura. Ofereça a si mesmo alguns momentos de silêncio para estabilizar a mente e fazer uma autoavaliação de onde você se encaixa.

Siga a prática abaixo ou escute a meditação guiada no site do livro:

www.ligiacosta.com.br/livro

- Check-in: sente-se em um lugar confortável, preste atenção à postura, fique atento à respiração.
- Prática: traga à mente algo sobre sua vida atual, referente a um relacionamento no qual você se sente magoado, um momento profissional que o decepcionou. Conecte-se e visualize a situação, permitindo que sua consciência expresse em palavras o que você sentiu na ocasião: tristeza, raiva, mágoa, frustração. Reflita: Que histórias estou contando para mim mesmo? Em seguida, pergunte-se: O que posso me oferecer neste momento?

Verbalize mentalmente alguma palavra amorosa que o conforte e faça algum gesto, sinta o seu acolhimento, aceitação e amor. Permita-se aceitar o seu momento, ofereça-se autocuidado e deixe ir.

- Sugestão de tempo: permaneça, de cinco a oito minutos, apenas com essa atividade de observação e, se possível, repita muitas palavras amorosas que o confortem.

JOURNALING

Escreva por três minutos consecutivos. Compare a diferença de quando você começou a prática até este momento. Como você se sente em relação à situação que o deixou frustrado?

MULTIPLIQUE A CONVERSA

Convido-o a fazer posts em redes sociais da frase que mais o impactou até o momento e que você gostaria de compartilhar sobre o livro. Seja um agente de transformação. #LíderHumanoGeraResultados

capítulo 3

MAIS EMPATIA, POR FAVOR

> **"O fim da nossa vida inicia quando silenciamos sobre temas que realmente importam."**
>
> Martin Luther King (1929-1968), ativista norte-americano e líder na luta pelos direitos civis em seu país

Centenas de líderes pautam seu sucesso pelo reconhecimento e pela autoridade, desejam ser queridos e assim obter aceitação por parte de suas equipes. Até aí, tudo bem. A questão está na incoerência, observada em muitos líderes que conheço, entre a atenção dada aos colaboradores, o apoio verdadeiro e as cobranças. Tem muito gestor entregando pouco, mas cobrando muito.

Certa vez, em uma conversa informal comigo durante um treinamento, ouvi o relato de uma executiva de uma grande indústria multinacional. Nunca me esqueci do que ela falou:

> Em cima do palco, o presidente fala o que todos querem ouvir. Depois, no dia a dia, nem olha para ninguém e faz tudo completamente diferente daquilo que disse. Não sei se é proposital ou se ele tem problemas psiquiátricos, já cheguei a me questionar a respeito disso. Só sei que é impossível manter a equipe motivada diante desses comportamentos.

O impacto dessas atitudes contraditórias, ou seja, o falar e o agir completamente desalinhados, gera desconexão e falta de confiança entre as equipes. A curto e a médio prazo, o fato não demora a ser observado. Com o distanciamento do líder, o ambiente inseguro é fértil para competições, disputas e relações superficiais. Ambientes tóxicos, afinal, são formados por pessoas tóxicas.

Ao longo da vida, nós aprendemos que, para sermos aceitos, precisamos falar o que o outro deseja escutar; porém, com esse hábito, os líderes se distanciam da própria verdade. É impossível ser aceito, pertencer e ser reconhecido por todos e em diversos ambientes; ninguém conquistará unanimidade. E está tudo bem!

Assim, além da busca incessante pela aceitação, com vistas em se protegerem, os líderes se fecham em "tribos", em grupos específicos, mesmo que de forma inconsciente. Nessas esferas, existe pertencimento, lealdade, defesa do "território". Todos seguem a mesma religião, usam as mesmas roupas, seguem a mesma cultura. Ninguém nos desafia dentro da nossa "tribo".

Fechados, os gestores criam os próprios ambientes com uma falsa sensação de segurança, ficando, assim, cegos para a equidade, a inclusão e a diversidade. Distantes na vida real, não são capazes de olhar para o todo e identificar que existem – ou deveriam existir –, em seus times, diferentes etnias, gêneros, condições sociais, culturas, religiões, pessoas com necessidades específicas.

A liderança amorosa, conceito que vamos aprofundar mais adiante, exige um despertar para impulsionar a mudança. E isso inclui um estilo de gestão mais equânime, colaborativo e inclusivo. ==Liderar com amor é ser capaz de agir com a cabeça e com o coração. É sair do ego para acessar==

a alma, conectar-se como humano, antes de líder. É ser verdadeiramente responsável pelas suas escolhas.

PARTE DO TODO

Enquanto líderes não se sentirem parte do todo e buscarem a empatia dentro de suas equipes, a desconexão continuará a existir e as doenças mentais aumentarão. É impossível viver em ambientes tóxicos. Neles, nós nos cegamos para o que realmente importa.

Ficou mexido ao ler tudo isso? Entendo e repito o que escrevi algumas linhas atrás: está tudo bem! Não é necessário se culpar ou se envergonhar por algumas atitudes e comportamentos ao longo da jornada. Tudo isso faz parte do aprendizado individual.

Muitas vezes nos cegamos porque não temos conhecimento o bastante sobre o tema em questão. Assim, agimos apenas repetindo padrões, no piloto automático, que não nos permite ter consciência dos nossos preconceitos e dos nossos vieses inconscientes.

Sobre esse último ponto, aliás, destaco que um viés inconsciente[39] é uma crença que dita o nosso comportamento de modo tão enraizado que nem questionamos se faz sentido ou não. São generalizações que apenas nos prejudicam, que limitam a nossa visão. Só mudamos aquilo que conhecemos, afinal de contas.

---

[39] ESTEVES, S. Viés inconsciente: como você lida com o que é diferente de você? **Exame**, 17 ago. 2020. Disponível em: https://exame.com/carreira/vies-inconsciente-como-voce-lida-com-o-que-e-diferente-de-voce/. Acesso em: 11 maio 2021.

Todos temos preconceitos. É importante ter essa consciência e, claro, a vontade de ir além, de romper essas barreiras. Em seu livro *Presença*,[40] a professora da Harvard Business School, psicóloga e escritora Amy Cuddy destacou que bastam cinco segundos para julgarmos outra pessoa. Uma conclusão à qual ela chegou após quinze anos de estudos sobre o tema. Segundo a psicóloga, as primeiras perguntas que fazemos com relação ao outro são: "Posso confiar nessa pessoa?" e "Posso respeitar essa pessoa?". As respostas para essas perguntas influenciam de 80% a 90% no resultado da nossa primeira impressão em relação a alguém que acabamos de conhecer.

Assim, conforme a autora, agimos com base nos nossos vieses inconscientes, naquilo em que acreditamos ser verdadeiro. Em outras palavras, são atalhos cerebrais a partir dos quais tomamos decisões com rapidez. É nesse ponto que nascem os estereótipos e os preconceitos. É como um banco de dados pessoal com base em experiências vividas e informações adquiridas ao longo da vida que permite uma visão personalizada a respeito de tudo ao redor.

Destaco tudo isso para que você reflita a respeito do fato de que todos temos preconceitos. Se não nos questionarmos, se não compreendermos como agimos e passarmos a observar as nossas limitações, seremos líderes que repetem o que aprenderam com os pais, os demais

---

[40] CUDDY, A. **Presença:** aprenda a impor-se aos grandes desafios. Lisboa: Actual, 2016.

familiares, as escolas e assim por diante. **Liberte-se das verdades absolutas!**

Não seja o gestor distante e que sempre julga quem passa pelo seu caminho. Mantenha-se atento: os nossos vieses inconscientes têm muita força nas ações do cotidiano. Como já mencionado, eles nos levam a fazer associações baseadas em crenças enraizadas e experiências que não necessariamente têm a ver com o momento presente, com situações que vivemos agora. Lembre-se: o cérebro funciona no piloto automático para economizar energia.

Concorda comigo? Pare e pense um pouco agora: quantas vezes você já tomou alguma decisão ou defendeu alguma causa que não necessariamente era sua, apenas porque foi assim que aprendeu? Isso é um viés inconsciente, é seguir um padrão que não é seu, o que o leva a tomar atitudes e decisões irrefletidas.

São muitos os vieses. Padrões classificados em gênero, idade, etnia, orientação sexual, religião, educação, condição socioeconômica e deficiência, entre outros. Vejamos alguns deles, que estão entre os mais comuns:

> **Viés de percepção:** refere-se ao ato de criar estereótipos a respeito de certos grupos de pessoas. Por exemplo: um gaúcho pode julgar um pernambucano com base em crenças sociais impostas regionalmente. E vice-versa. Em relação à maternidade, já ouvi muito, de colegas e participantes dos meus cursos, o limitador que determina: "se você é uma boa mãe, não é boa profissional" ou o inverso. E assim por diante.

Viés de afinidade: leva os gestores a contratar apenas aqueles que pensam como ele, fazendo as decisões serem unificadas. E aí entram clássicos do mundo corporativo como "homens só contratam homens", "precisa ter a mesma ideologia política ou religiosa para entrar na minha equipe" e similares. Tendemos a gravitar em torno de pessoas que são como nós.

Viés de gênero: reflete um tratamento preferencial a determinado gênero. Conforme estudo do Pew Research Center,[41] instituto de pesquisas sediado em Washington, nos Estados Unidos, 42% das mulheres sofrem discriminação de gênero no trabalho. E tem mais: tanto homens quanto mulheres têm duas vezes mais chances de contratar candidatos do sexo masculino. As informações me foram passadas pela advogada, especialista em equidade de gênero e colunista do jornal O Globo Georgia Bartolo.[42]

Viés de pensamento de grupo: todos nós já vimos esta cena: uma equipe de gerentes de contratação está analisando um formulário de emprego e a maioria dos presentes compartilha um feedback negativo a respeito do candidato ou da candidata. Isso pressiona os demais colegas a concordar, evitando opiniões divergentes. Acompanhar a equipe quando isso vai ao encontro de sua opinião é fazer uso do pensamento de grupo.

---

[41] PARKER, K.; FUNK, C. Gender discrimination comes in many forms for today's working women. **Pew Research Center**, 14 dez. 2017. Disponível em: https://www.pewresearch.org/fact-tank/2017/12/14/gender-discrimination-comes-in-many-forms-for-todays-working-women/. Acesso em: 11 maio 2021.

[42] Georgia Bartolo em entrevista à autora em 19 de setembro de 2020.

Muitas vezes, agimos com boas intenções, pensamos que devemos manter a harmonia e prevenir conflitos. Saiba que nem sempre essa atitude o levará a tomar as melhores decisões.

Viés de confirmação: ocorre quando as pessoas atribuem peso às evidências que confirmam as próprias ideias enquanto ignoram ou subestimam as evidências que as refutam. É o caso de um recrutador que tem simpatia ou alta consideração por jovens em vez de por profissionais mais experientes. Assim, pode justificar a contratação de um indivíduo com base no fato de ele supostamente ser inovador e criativo, ignorando a sua falta de habilidade técnica.

EGO E SOMBRA

Somos preconceituosos, e o nosso ego faz de tudo para rejeitar e reprimir as chamadas "qualidades da sombra" de cada um de nós, os nossos lados B, que ele julga indesejáveis. E aqui uso o conceito de ego do psiquiatra suíço Carl Jung (1875-1961),[43] fundador da chamada psicologia analítica. Segundo ele, o ego é a nossa identidade pessoal. Para o psiquiatra, quando enxergamos os nossos vieses inconscientes – as nossas sombras – somos mais livres para tomar decisões.

---

[43] ABDO, H. 6 reflexões para entender o pensamento de Carl Jung. **Galileu**, 23 fev. 2017. Disponível em: https://revistagalileu.globo.com/Ciencia/noticia/2017/02/6-reflexoes-para-entender-o-pensamento-de-carl-jung.html. Acesso em: 11 maio 2021.

Assim conseguimos criar novos planos de ação, fazer escolhas que valorizem nossos objetivos individuais, deixando para trás os preconceitos, os julgamentos, as crenças que não são nossas.

Ainda sobre esse ponto, Jung afirmou que nós "julgamos nos outros o que negamos em nós mesmos". Você percebe agora como o autoconhecimento, a observação das sombras e dos vieses inconscientes têm importância não apenas na nossa vida cotidiana, mas principalmente na vida de gestores, que são responsáveis, na maioria das situações, pelas tomadas de decisões?

Por isso, não me canso de dizer: liderar com amor é ser consciente, ter coragem para observar e bloquear crenças. O mundo precisa disso.

Em conversa com a pediatra Flávia Oliveira,[44] ouvi que o impacto do que nos é dito na infância pode ser muito mais profundo do que se imagina. A criança não possui ferramentas emocionais suficientes para elaborar suas interpretações frente às circunstâncias que a envolvem. A interpretação se baseará em quem está ao lado dela nomeando os sentimentos e as emoções. Dessa maneira, estar legitimamente conectado com a criança é essencial para que essa leitura emocional seja feita de modo adequado. Os acontecimentos que nos rodeiam passam por um julgamento que na infância é compartilhado com os responsáveis pelos cuidados da criança.

Ao nascermos, muitas vezes nos é dado um papel a ser incorporado. Nesse papel, determinados padrões de

---

[44] Flávia Oliveira em entrevista à autora em 18 de maio de 2021.

comportamento, tanto sociais como emocionais, serão ditados como uma norma a ser seguida. "Você é muito irritado e bravo!" ou "Você é preguiçoso" são exemplos desses rótulos que, mesmo depois de anos, já na vida adulta, ainda estão presentes e enraizados em nossas atitudes.

É como se, de modo inconsciente, o indivíduo entendesse que é esse seu comportamento esperado por todos, e que, se for modificado, pode se transformar em rejeição ou decepção. Construir uma base sólida emocional, onde haja encorajamento e apoio, traz segurança para que a criança tenha autoconfiança ao encarar desafios futuros.

Regina Pally, psicanalista e especialista em relações de parentalidade, aborda no livro *The Reflective Parent* (ainda sem tradução para o português)[45] como fazer menos e se relacionar mais com seus filhos. A especialista apresenta pesquisas para mostrar que as tendências naturais do nosso cérebro de empatizar, analisar e se conectar com os outros são tudo de que precisamos para sermos bons pais.

UMA NOVA VISÃO

A mudança começa com cada um de nós. Entretanto, não deve ser vista apenas de maneira individual, mas também coletiva. Podemos nos preparar para transformar a mentalidade da nossa própria liderança, mas será que as empresas estão prontas para comportar essa transformação?

---

[45] PALLY, R. **The Reflective Parent**: How to Do Less and Relate More with Your Kids. New York: W. W. Norton & Company, 2017.

Segundo publicação da Barrett Academy, criada pelo especialista em liderança, coach e escritor Richard Barrett,[46] quando uma massa de indivíduos muda seus valores e suas crenças em uma mesma direção, os comportamentos coletivos mudam também. Assim, para uma nova liderança emergir, primeiro precisamos mudar a nossa visão de mundo, a nossa atitude. Do individual, nasce o coletivo. Por isso é tão importante que você, que pretende liderar com amor, faça a sua parte.

Em 2019, Barrett desenvolveu um indicador global de consciência[47] que serve para medir e direcionar a evolução da cultura presente nas empresas. Ele pesquisou 145 países e elaborou um ranking no qual o Brasil ficou em 58º lugar no nível de consciência de Estado. Mas o que exatamente isso quer dizer? Que o inconsciente coletivo do nosso país, de modo geral, ainda tem muito a evoluir. A liderança compassiva, por exemplo, acontece quando atingimos a chamada consciência de humanidade, que, segundo Barrett, é o sétimo nível de evolução de consciência das organizações. A consciência de Estado em que se encontra o Brasil é o terceiro nível, conforme o quadro explicativo a seguir:

---

[46] CULTURAL Transformation. **Barrett Academy for the Advancement of Human Values**, [s.d.]. Disponível em: https://www.barrettacademy.com/organizational-evolution/cultural-transformation. Acesso em: 11 maio 2021.

[47] LEVELS of Consciousness. **Barret Academy for the Advancement of Human Values**, [s.d.]. Disponível em: https://www.barrettacademy.com/levels-of-consciousness. Acesso em: 11 maio 2021.

EVOLUÇÃO DAS VISÕES DE MUNDO – NÍVEIS DE CONSCIÊNCIA

NÍVEIS	VISÃO DE MUNDO	NORTEADOR	OBJETIVO
7	Consciência de Humanidade.	Significado por meio da autoexpressão e criatividade.	Estar a serviço do outro.
6	Consciência de Pessoas.	Liberdade por meio da igualdade e justiça.	Fazer uma diferença positiva no mundo.
5	Consciência de Riqueza.	Autoestima por meio de riqueza e status.	Encontrar significado na própria existência através da coesão interna.
4	Consciência de Nação.	Autoestima por meio de autoridade e educação.	Abrir mão dos medos para se desenvolver e crescer em prol da transformação.
3	Consciência de Estado.	Autoestima por meio do poder e da força.	Encontrar o valor próprio em meio ao coletivo.
2	Consciência de Tribo.	Proteção por meio do pertencimento e lealdade.	Construir relacionamentos e se sentir protegido/amado pelo coletivo.
1	Consciência de Clã.	Sobrevivência por meio do compartilhamento e reciprocidade.	Satisfazer necessidades físicas e de sobrevivência.

Os estudos de Barrett indicam que é possível ampliar a nossa percepção individual e coletiva sobre o mundo no qual estamos inseridos. Saber disso consolidará a sua visão a respeito da liderança compassiva e mostrará a importância desse novo modo de conduzir equipes.

Em linhas gerais, o estudioso aponta que, lá no início da humanidade, o nosso entendimento de mundo era baseado na **consciência do clã**, afinal, os seres humanos se dividiam em grupos de pessoas que se uniam para sobreviver, precisavam colaborar uns com os outros e compartilhar recursos. Esses grupos se expandiram com o tempo, dando origem aos nômades que estavam sempre viajando.

Tal contexto gerou uma **consciência de tribo**, que tinha como objetivo cultivar alimentos para a subsistência.

Essa consciência é caracterizada, principalmente, por seu caráter extremamente coletivista. Nesses espaços, era valorizada a proteção de todos por conta do sentimento de pertencimento e da lealdade entre as pessoas. Acreditava-se no poder dos laços de sangue e das tradições.

Sendo assim, havia regras que precisavam ser seguidas para garantir o pertencimento e a segurança da tribo. Aqueles que faziam parte de determinado núcleo abriam mão do próprio ego para fazer parte de uma separação estritamente étnica e territorial que tornava todos os indivíduos parte de um único corpo, com características mais coletivas.

Essa consciência ainda está presente em muitas empresas, por exemplo, as companhias familiares. Aquelas nas quais é comum ver o filho se sentir pressionado pelo dever quando quer abandonar o legado de seus pais e seguir um caminho profissional diferente.

Uma vez que as tribos começaram a expandir seus territórios, começaram a competir entre si com o objetivo de conquistar e dominar novas terras. O poder e a autoridade acabaram falando mais alto, dando origem ao conceito de Estado, que é o grande norteador da **consciência de Estado**.

De acordo com Barrett, o Brasil se encontra nessa visão de mundo. Por isso, a população e os indivíduos têm um nível de consciência muito baixo e possuem uma mentalidade que acredita no poder como meio de garantir a segurança. Isso tudo abre espaço para uma dominação estritamente masculina, onde as minorias acabam sendo oprimidas.

As características dessa consciência são: líderes que mentem e trapaceiam para conseguir o que querem; homens que tratam mulheres como objetos sexuais ou troféus;

É impossível ser aceito, pertencer e ser reconhecido por todos e em diversos ambientes; ninguém conquistará unanimidade. E está tudo bem!

ditadores que são reverenciados; e o uso que políticos, mafiosos e traficantes, entre outros, usam o medo para manipular e ganhar poder.

A **consciência de Estado** cria cenários pouco propensos ao diálogo, à empatia e à inclusão. Nessas condições, o medo e a separação predominam sobre o pensar coletivo e a compaixão.

Nesse contexto, diversas empresas, no Brasil, ainda tentam centralizar a informação, restringir o conhecimento e manter as tomadas de decisão na mão de poucos. Tudo isso com equipes pouco diversificadas e com baixa representatividade das minorias em posições de liderança.

Consegue identificar como a liderança compassiva pode mudar o país para melhor? E como você, na sua empresa, com a sua equipe, pode colaborar para todo esse processo de mudança?

De acordo com Barrett e suas ideias sobre ampliação da consciência, o ideal é trilharmos um caminho de evolução da **consciência de Estado** até chegarmos à **consciência de humanidade**.

E como se faz isso? Adotando uma visão sistêmica, enxergando os grupos, as instituições e as organizações de maneira integrada. Um mundo no qual as empresas atuam como um ecossistema, com suas diferentes áreas interconectadas e em sincronia. São empresas que se movimentam para que as partes juntas impactem o todo.

Observe que a **consciência de humanidade** é abundante, integra tudo, respeita o meio ambiente, inclui os indivíduos em todas as tomadas de decisão, concentra-se nas necessidades locais e globais.

Nesse ponto, não existem barreiras de identidade. Todos são vistos como humanos, acima de suas características individuais, nacionalidade, classe social, cor e gênero. O que norteia essa consciência é o alinhamento de propósito.

Empresas que atuam com **consciência de humanidade** compreendem que todos são vistos como parte de uma mesma estrutura que funciona com um objetivo único. Não existe espaço para disputa ou competição: se um ganha, todos ganham.

É nesse novo lugar, dotado dessa consciência nova e ampla, que você vai estar quando terminar a leitura deste livro. Que a sua evolução pessoal leve muita gente a evoluir também, motivando a empresa na qual você trabalha a funcionar de um jeito novo. Com os bons resultados que você há de apresentar, haverá estímulo de sobra para um debate a respeito do tema ganhar força. Liderar com amor, afinal, rende lucros. Nunca se esqueça disso.

COMPARAÇÃO, COMPETIÇÃO E RECLAMAÇÃO

Como líderes e indivíduos, estamos sempre nos comparando aos outros. E a vida segue conforme lógicas como "se fulano não faz, também não farei", "meu departamento não vai reduzir custos porque o outro acabou de contratar", "o salário do outro gestor é maior do que o meu e estamos no mesmo nível hierárquico", "o diretor da empresa almoça sempre com a mesma pessoa, nunca comigo, logo não gosta de mim".

A comparação é um dos fatores que reduz o nosso nível de consciência. Sempre que você estiver se comparando com outras pessoas, buscando atenção, você está apenas sobrevivendo, alimentando a sua baixa autoestima, acreditando que não é suficiente. Tudo isso o distancia do coletivo, tira o foco do trabalho em nome dos objetivos comuns, distrai a sua atenção e só causa desgaste.

Aos poucos, nas empresas, principalmente nas startups, estamos começando a ver uma evolução de organizações tradicionais, hierarquizadas e autoritárias para negócios com foco em causas e inspirados no capitalismo mais consciente. Esse movimento aos poucos ganha espaço e abertura no Brasil. São ambientes que se preocupam não apenas com humanização do trabalho mas também com a sustentabilidade, com o equilíbrio da vida no planeta.

Perceba como a liderança por meio de valores, com empatia e visão, pode mudar comportamentos, estimular verdadeiramente os colaboradores. No entanto, escolas e universidades ainda entregam ao mercado líderes focados na competição e na escassez. Um modelo antigo, inadequado a um mundo em constante transformação.

Se você se identificou com a descrição acima, se admite estar ligado a esse padrão insustentável nas próximas décadas, nada de sofrimento. ==Estamos exatamente onde deveríamos estar. Nossos conhecimentos nos trouxeram até aqui e, a partir de agora, temos a escolha de ampliar e mudar o nosso estilo de liderança.== Muitas vezes, o que nos impede de liderar com foco em valores, superando os nossos preconceitos, com mais amorosidade e compaixão, é o medo. Vamos olhar para isso.

Temos receio de aceitar quem somos de verdade, de não pertencer, de não ter o suficiente, de sermos julgados, de não sermos amados. São muitos os medos que nos impedem de liderar com amor e compaixão. E, assim, abre-se espaço para dilemas como: "Para que ser diferente e puxar a fila da inovação se estou muito bem na minha zona de conforto?", "Por que oferecer novas ideias se corro o risco de ser julgado?", "Permitir o diálogo vai estimular a minha equipe a pensar e falar. O que faço se as respostas forem diferentes das minhas?".

Não tenha dúvida: é muito mais confortável seguir os outros e evitar o enfrentamento, o novo, permanecendo, assim, na omissão. A notícia triste é que essa omissão se estende além da vida profissional e se transforma em um padrão comportamental para muita gente. Por isso, vemos tantos casais infelizes, amizades superficiais, famílias desunidas.

NÃO APRENDEMOS A SENTIR

Você já deve ter ouvido dizer que a habilidade da empatia está em evidência no momento. A questão é: muita gente confunde empatia com simpatia. Mas a simpatia gera desconexão, enquanto a empatia conecta.

Explico: imagine que sua funcionária chega arrasada no trabalho porque está passando por um momento muito difícil. Ela, então, chama você para uma conversa e conta estar muito triste por ter sofrido um aborto espontâneo. Você, por outro lado, não esperava a notícia e fica sem reação. Ao mesmo tempo, sente-se pressionado a oferecer uma resposta e diz: "Fica tranquila, daqui a pouco você engravida novamente. Pelo menos você consegue engravidar, tem um monte de mulher que nem isso consegue".

A resposta acima é um exemplo de simpatia, uma tentativa sincera de fazer com que a colaboradora se sinta melhor, mas, definitivamente, não a melhor maneira de acolher o sentimento, a dor da funcionária.

Como gestor empático, muitas vezes você não precisa oferecer respostas e soluções, mas apenas se conectar com algum sentimento similar em você. Será que, na sua família, alguém já passou por dor similar? Melhor ainda: não seria o caso de apenas acolher a frustração da pessoa, oferecendo a sua escuta atenta? Seria tão somente dizer: "Estou aqui, ao seu lado. Sinto muito".

É muito sutil, mas extremamente potente e poderoso nos conectarmos com os nossos sentimentos no mundo do trabalho. Sobre isso, compartilho o caso de uma amiga que conta ter ficado muito mal no dia em que soube que teria que reduzir em 30% o número de funcionários de sua equipe.

"Precisei demitir muitas pessoas e não sabia como fazer. Chorei absurdamente, coloquei-me no lugar delas, sabia que a demissão não era por performance, mas, sim, em função do momento pelo qual a empresa estava passando. Eu não conseguia deixar de demonstrar meu sentimento, desliguei as pessoas chorando. Não sei se agi certo ou errado. Não deixei de fazer o que tinha que ser feito, mas coloquei respeito, amor e sentimento naquele processo."

Esta é uma boa questão: como demitir alguém com empatia? Como ter uma conversa difícil, oferecer um feedback negativo e até mesmo incluir pessoas diferentes de mim? Será que nós podemos nos envolver emocionalmente? Aprendemos ao longo da nossa carreira a sermos simpáticos, mas o que vemos nesse exemplo de respeito é liderança empática.

Não estou querendo dizer que, para sermos empáticos, precisamos demitir pessoas chorando. O comportamento da executiva em questão, a vulnerabilidade a que ela se permitiu foi para mim uma conexão intensa e uma escolha consciente. O que fica como reflexão, nesse caso, é que atualmente ==é permitido ter um estilo de liderança que inclua emoção e amor nas conversas e tomadas de decisão. Isso é novo, não existem regras desde que haja verdade e respeito mútuos.==

Encontramos tantos problemas nas empresas hoje em dia porque, em grande parte, falta empatia. É muito importante entender bem esse conceito. Empatia é quando você é capaz de se colocar no lugar do outro, de experimentar e perceber o que o outro sente. Parece simples, mas não é. Não estamos habituados a nos conectar emocionalmente com as nossas equipes.

Vou citar um exemplo muito simples, da minha vida pessoal, para provar que todos são capazes de sentir o que o outro sente. Havíamos saído para passear, eu e minhas duas filhas, de 5 e 3 anos. Chegando ao local de destino, estacionei, virei-me e tirei o cinto de segurança da cadeirinha que estava atrás do banco do passageiro. Então, saí do veículo e abri a porta atrás do banco do motorista para tirar minha outra filha, a menor. Em uma fração de segundo, a mais velha saiu do carro e fechou a porta, deixando o dedinho preso na porta. Ela começou a gritar e a chorar pedindo ajuda. Foram instantes de desespero.

Na hora, eu senti o que ela sentiu. Era como se o meu dedo estivesse preso. Áreas do meu cérebro relacionadas à dor foram ativadas imediatamente. Naquele momento, eu poderia ter tido algumas reações:

a) De tão estressada, sentar-me no chão e chorar.
b) Sair gritando pelo shopping, pedindo ajuda.
c) Respirar, entender que dói, mas que o dedo preso não era meu e sim o dela, e que eu poderia agir com inteligência emocional, focando em ajudá-la a sair daquela situação.

Felizmente, a decisão que tomei foi a terceira. Logo fui em sua direção e abri a porta, de modo que ela conseguisse tirar o dedinho. Ficou tudo bem: eu a abracei, colocamos gelo e seguimos o passeio.

Empatia é ser capaz de experimentar e perceber o que o outro sente, porém, com o discernimento entre o seu sentimento e o do outro, sendo capaz de agir, de ajudar.

Líderes paternais ou maternais normalmente sentem pena dos colaboradores e não conseguem tomar decisões, podendo até adoecer junto com a equipe. É muito importante você saber que empatia não é ficar "psicologizando" a situação ou concordar com o outro. Você pode, sim, tomar decisões difíceis, ter conversas duras, faz parte do cotidiano, da vida profissional de todos nós.

MEDITAÇÃO PARA EMPATIA

Este é um convite para que você pause, reflita e apenas se conecte com o desenvolvimento da empatia. Neste momento de leitura, permita-se alguns momentos de silêncio para enxergar similaridade em outras pessoas.

Siga a prática abaixo ou escute a meditação guiada no site do livro:

www.ligiacosta.com.br/livro

- Check-in: sente-se em um lugar confortável, preste atenção à postura, fique atento à respiração.

- Prática: traga a imagem de uma pessoa à sua mente e encontre similaridades, reflita que essa pessoa já viveu momentos difíceis, já passou por doenças, perdas familiares, sofrimentos; igual a você. Reflita que essa pessoa deseja ser reconhecida, amada, respeitada, ter bons relacionamentos; igual a você.

- Sugestão de tempo: faça essa reflexão por mais de cinco minutos, até que sinta que conseguiu efetivamente se conectar com as similaridades do outro.

JOURNALING

Escreva por três minutos consecutivos. Como me sinto ao me conectar com alguém, entendendo que, assim como eu, é um ser humano com sentimentos, pensamentos e emoções?

MULTIPLIQUE A CONVERSA

Que tal agendar uma mentoria com alguém da sua equipe, ensinar aos amigos e familiares o que aprendeu neste capítulo? Compartilhe #LíderHumanoGeraResultados e seja um líder compassivo.

capítulo 4

SER HUMANO ANTES DE SER LÍDER

> **"São poucos os que enxergam com os próprios olhos e sentem com o próprio coração."**
>
> Albert Einstein (1879-1955), físico alemão

Antes de ser líder, você é quem você é. O filho ou a filha do seu pai e da sua mãe, o pai ou a mãe dos seus filhos, o marido, a esposa, o irmão, a irmã, o amigo, a amiga. Você é dono da sua história, um ser humano muito antes de ser gestor ou gestora. Precisamos avançar nisso para nos aprofundarmos no conceito de liderança compassiva.

Assim, proponho que você passe a olhar melhor para si mesmo, com mais acolhimento e generosidade; um movimento que comecei a fazer há algum tempo, uma jornada sem fim. Convido você a se unir a mim nesse processo. Do individual para o coletivo, juntos, podemos fazer a diferença. Ao menos começar a fazer a diferença, a deixar tudo melhor nas empresas, a tornar as vidas de tantos profissionais mais leves e cheias de sentido.

Começo destacando um movimento importante chamado *From Ego to Eco* ou *Do ego ao eco*,[48] em tradução livre para o português. Trata-se de uma ideia defendida pelo

---

[48] COSTA, L. Do ego ao eco: a consciência de si como motor de mudança. **Thank God It's Today**, 14 fev. 2021. Disponível em: https://blog.tgitoday.com.br/do-ego-ao-eco/. Acesso em: 15 maio 2021.

ativista indiano Satish Kumar,[49] com quem tive aulas, no Butão, sobre economia sustentável.

O princípio é o de que todos nós podemos liderar não apenas pelo ego, que é egoísta, e sim acessando o eco, que é colaborativo e altruísta. Desse modo, o eco significa uma unidade ampla e autossustentável, como nos termos ecologia e ecossistema.

Para Kumar, sair do ego para o eco é, essencialmente, voltar para o nosso real lar, despertar comportamentos e atitudes que temos quando estamos em casa, protegidos e conscientes.

Quando você está em casa, seja você pai, mãe ou filho, como se sente? Quais são as suas memórias, lembranças de proteção e carinho? Nosso lar e nossas atitudes refletem quem somos e como vivemos. Só podemos oferecer aos outros aquilo que aprendemos dentro de casa. Se temos amor, oferecemos amor. Se não conhecemos esse sentimento, dificilmente poderemos ofertá-lo.

Liderar com amor, por meio desses sentimentos, é mover-se com ações de interesses individuais e coletivos.

UM NOVO HÁBITO

Esse processo de retorno ao lar ganhou ainda mais força com o distanciamento social imposto pela pandemia de covid-19. Transformar os espaços em que moramos e

---

[49] PAULINO, G. Satish Kumar, seguidor de Gandhi propõe nova relação do ser humano com a natureza. **Época**, 9 mar. 2017. Disponível em: https://epoca.globo.com/sociedade/viajologia/noticia/2017/03/satish-kumar-seguidor-de-ghandi-propoe-nova-relacao-do-ser-humano-com-natureza.html. Acesso em: 12 maio 2021.

melhorá-los se tornou uma nova necessidade para os consumidores que visitam empresas como a rede Leroy Merlin de produtos de construção e decoração. A informação me foi dada por Claudia Zem, diretora da universidade corporativa da companhia, em entrevista ao meu canal no YouTube.[50] Segue o relato dela:

> Percebemos que, nesse contexto de pandemia, a relação com a casa e com a família mudou drasticamente. O fluxo de clientes que nos procuram querendo ajuda para deixar a casa mais agradável e com o carinho de um lar é muito grande. De fato, agora as pessoas querem transformar o local onde moram em um lugar para viver.

É um processo que vai muito além da simples vontade de reformar e mudar a decoração da residência. Esse retorno nos coloca ainda mais perto da nossa natureza humana, amorosa e protetora. Uma reflexão reforçada ainda pelo contato com a fragilidade da vida, com a impermanência, com a incerteza.

Liderar é ser capaz de levar as pessoas para um lugar melhor. Precisamos esquecer tudo o que achávamos que sabíamos sobre liderança e recomeçar da essência, de dentro para fora. Arrumar a casa, o nosso interior, é importantíssimo se quisermos ser bons líderes. Quando estamos em um lugar melhor, somos capazes de levar outras pessoas a também organizar o seu íntimo, encontrando o próprio lugar

---

[50] CLAUDIA Zem | Leroy Merlin. Vídeo (34min19s). Publicado pelo canal Ligia Costa TGI - Today. Disponível em: https://www.youtube.com/watch?v=n-x68X-W0Y. Acesso em: 29 jun. 2021.

especial. Liderar na atualidade é promover mudanças de dentro para fora, do individual para o coletivo.

Outro pensador contemporâneo que defende essa ideia é o indiano Raj Sisodia, um dos autores do livro *Capitalismo consciente*.[51] Para ele, o líder de hoje deve transcender o *self*, isso é, ser menos voltado aos seus interesses individuais e mais focado no bem coletivo.

Sisodia destaca ainda o termo *selfless*, que em português significa menos foco no "eu" e mais altruísmo. Ou seja, o quanto precisamos equilibrar algumas habilidades e incluir outras inteligências para a formação desse novo estilo de liderança. Assim, temos:

S = *Strength* (Força): sustentarmos os nossos valores, a nossa essência, a partir da presença.

E = *Enthusiasm* (Entusiasmo): o trabalho feito com coragem e significado, alinhado às suas habilidades.

L = *Long Term View* (Visão de longo prazo): envolve motivação e clareza das metas e objetivos, com mentalidade estratégica.

F = *Flexibility* (Flexibilidade): navegar entre polaridades com sabedoria, ter bom senso, fazer escolhas assertivas e gentis.

L = *Love & Care* (Amor e Cuidado): ser empático, colocar-se no lugar do outro e abrir espaço para a vulnerabilidade, criando ambientes psicologicamente seguros.

E = *Emotional Intelligence* (Inteligência Emocional): ter autoconsciência das suas emoções para usá-las nas tomadas de decisão.

---

[51] MACKEY, J.; SISODIA, R. **Capitalismo consciente:** como libertar o espírito heroico dos negócios. Rio de Janeiro: Alta Books, 2018.

S = *Smart System* (Sistemas Inteligentes): consciência de que tudo está interconectado e de que somos parte de um sistema único.

S = *Spiritual Intelligence* (Inteligência Espiritual): permitir que a intuição e a voz do coração estejam presentes em ambientes organizacionais.

PSICOLOGICAMENTE SEGURAS

Vivemos uma era de transformações. E as organizações que estão surgindo para atender às demandas desse novo contexto precisam de uma nova liderança.

Para que isso seja possível, um líder precisa saber lidar com esse mundo volátil, incerto, complexo e ambíguo no qual vivemos hoje. Essas quatro características formam a sigla Vica, que, por sua vez, vem da tradução do inglês de Vuca: *volatile*, *uncertain*, *complex*, *ambiguous*.

O termo surgiu nos anos 1990, em uma tentativa de explicar as mudanças pelas quais passava a geopolítica mundial no pós-Guerra Fria.[52]

Hoje, podemos dizer que a noção de Vuca já era uma ideia datada. Assim, surgiu uma nova denominação para explicar o cenário atual, levando em conta as mudanças da pandemia e outras que poderão surgir daqui por diante: o Mundo Bani.

O conceito Bani foi desenvolvido pelo antropólogo, autor e futurista norte-americano Jamais Cascio,[53] da

---

[52] O QUE é e como lidar com o mundo VUCA? **HSMU**, 16 set. 2020. Disponível em: https://hsmuniversity.com.br/blog/mundo-vuca/. Acesso em: 30 jun. 2021.

[53] ROSOLEN, D. Verbete draft: o que é mundo BANI. **Projeto Draft**, 6 jan. 2021. Disponível em: https://www.projetodraft.com/verbete-draft-o-que-e-mundo-bani/. Acesso em: 6 jul. 2021.

Universidade da Califórnia, membro do Institute for the Future (Instituto para o futuro, em livre tradução), que observou que o conceito Vuca estava obsoleto e não mais funcionava em um mundo tomado pela pandemia da covid-19. Bani significa *Brittle, Anxious, Nonlinear, Incomprehensible*, ou Frágil, Ansioso, Não linear e Incompreensível, em português.

É preciso estar alerta, ter a atenção voltada aos riscos que se apresentam. Assim nasce o chamado Mundo Bani. Trata-se da evolução do Mundo Vuca.

No meu entendimento, estamos mais frágeis do que nunca, e estamos suscetíveis a catástrofes e mudanças repentinas a qualquer momento.

Neste novo mundo, o novo líder precisa ter flexibilidade, criatividade, adaptabilidade, escuta, conexão, empatia e comunicação assertiva e aberta ao diálogo; ser um líder inclusivo e corajoso, vulnerável, que entende que tudo está conectado; ele também precisa estimular o engajamento e ser capaz de identificar oportunidades.

Diferentemente dos gestores do passado, agora é importante descentralizar o poder, o controle e o conhecimento, saber navegar na ambiguidade e na adversidade, estar conectado em rede com os seus pares, compartilhar informações.

O líder de hoje precisa ter recursos para enfrentar todas as situações. Na verdade, ele deve ser como um alquimista.

O bom uso dessas habilidades resulta na formação de times seguros, o que faz toda a diferença. Uma pesquisa realizada pelo Google com 180 equipes ao redor do mundo[54] avaliou o que os grupos de alta performance tinham em comum. A iniciativa foi chamada de Projeto Aristóteles, em uma referência ao filósofo grego.

A surpresa foi comprovar que não necessariamente os mais capacitados ou tecnicamente superiores na ordem hierárquica são capazes de formar times com desempenho excelente. A maneira como a equipe interage foi apontada como o grande fator de sucesso. Por esse motivo, a segurança psicológica foi o principal critério observado nos grupos que apresentam performances melhores que os outros, junto com os demais pontos destacados a seguir:

- **Segurança psicológica:** é quando os profissionais se sentem livres para apresentar suas ideias, quando sabem que serão ouvidos sem julgamentos e repreensões, com a liberdade de testar e inovar.
- **Confiabilidade:** a capacidade de confiar e de pedir ajuda, com a certeza de que um trabalho de alta qualidade será realizado no tempo estipulado.
- **Estrutura e clareza:** é quando as pessoas sabem o que precisam fazer e têm uma noção clara das suas atribuições.

---

54 SCHNEIDER, M. O Google passou dois anos estudando 180 equipes. Os mais bem sucedidos compartilham esses 5 traços. **Jornal do Empreendedor**, 27 maio 2019. Disponível em: https://jornaldoempreendedor.com.br/destaques/o-google-passou-2-anos-estudando-180-equipes-os-mais-bem-sucedidos-compartilharam-esses-5-tracos/. Acesso em: 12 maio 2021.

- **Significado do trabalho:** compreensão do impacto da contribuição de cada um, principalmente com relação a encontrar sentido no que é feito.
- **Impacto do trabalho:** envolve a crença dos colaboradores no trabalho com o entendimento de estar fazendo, de algum modo, a diferença na vida das pessoas.

Gostou dos resultados? Em caso afirmativo, implemente os pontos acima no cotidiano do seu time, trazendo, você mesmo, a mudança para dentro da empresa em que trabalha.

Ainda sobre segurança psicológica, a professora da Harvard Business School Amy Edmondson destaca que identificamos essa base em uma equipe quando os indivíduos são respeitados do jeito que eles são,[55] quando os colaboradores podem ser eles mesmos.

Assim, é possível promover a segurança psicológica quando gerenciamos três aspectos: erros são permitidos, todos erram e somos aprendizes. Vejamos esses conceitos de maneira mais detalhada:

---

[55] EDMONDSON, A. Psychological Safety and Learning Behavior in Work Teams. **Administrative Science Quartely**, [s.l.], v. 44, n. 2, p. 350-383, jun. 1999. Disponível em: https://web.mit.edu/curhan/www/docs/Articles/15341_Readings/Group_Performance/Edmondson%20Psychological%20safety.pdf. Acesso em: 12 maio 2021.

- **Erros são permitidos:** consentir que todos cometam erros e aprendam com eles é o fundamento básico da segurança psicológica. É se permitir testes e adaptação com o entendimento de que o trabalho nunca estará pronto e que sempre existirá uma oportunidade de melhoria.
- **Todos erram:** em segundo lugar, os integrantes da equipe precisam reconhecer que todos são passíveis de erro. É ter um olhar mais humano, compreendendo que todos, independentemente de quem seja, podem falhar.
- **Somos aprendizes:** o terceiro lugar implica entender que a equipe não sabe tudo. Portanto, cada pessoa precisa manter um alto grau de curiosidade e estabelecer um ambiente propício a todo tipo de pergunta, mesmo as que parecem banais em um primeiro momento. O futuro do trabalho privilegia aqueles que trabalham para aprender, e não os que aprendem para trabalhar. Os líderes precisam ser flexíveis para se atualizar e responder às demandas do momento.

Uma vez que as equipes e os gestores cultivem as bases para a segurança psicológica, ela se manifestará por meio de quatro aspectos no dia a dia de uma organização. São eles: segurança para se expressar, para interagir, para aprender e para pertencer.

O EQUILÍBRIO DAS FORÇAS MASCULINAS E FEMININAS

É preciso ter força, mas também amor e cuidado. Ter sistemas inteligentes, mas também flexibilidade e inteligência emocional, física, mental e espiritual. Assim, a evolução da liderança privilegia o equilíbrio entre as polaridades masculina e feminina. E será um prazer dividir com você o meu despertar para esse olhar.

Voltemos um pouco no tempo. Em 2017, em uma viagem a Nova Déli, na Índia, tive minha primeira experiência em um *ashram*, um lugar onde os sábios vivem em paz e na natureza. O Aurobindo Ashram é um dos principais locais de formação de professores de meditação e ioga daquele país, sendo reconhecido mundialmente.

Não vou dizer que foi uma estada confortável, mas bem diferente. Levei toalha, papel higiênico, dormi em uma cama de tábua que cobri com o meu lençol, encarei um calor de 40 graus sem ar-condicionado, precisando caminhar quase quinze minutos para comprar garrafas de água para beber e escovar dentes.

Ao entrar na sala de meditação pela primeira vez, fui surpreendida. Deixei os sapatos na porta e caminhei lenta e cuidadosamente até encontrar um lugar para me sentar.

O espaço era enorme e lindo, uma beleza realçada pela sensação de paz e o silêncio absoluto, isso sem mencionar a arquitetura. A iluminação era suave e havia poucas pessoas na sala, algumas lendo, outras meditando. Sentei-me no centro do lugar e, curiosa, permaneci de olhos abertos.

Logo vi dois quadros com duas fotografias em preto e branco. À direita, Sri Aurobindo (1872-1950), filósofo e guru indiano. À esquerda, estava a imagem da francesa Mirra Alfassa (1878-1973), guia espiritual chamada de *The Mother* (A Mãe, em português) pelos seus seguidores.

Naquele momento, fiz as minhas práticas de meditação e tive ainda mais certeza de que a integralidade das partes é essencial para a humanidade. A beleza de termos homens e mulheres lado a lado é um fator importante para o despertar da liderança.

Com essa ideia na cabeça, eu me aprofundei nos estudos e cheguei a Nilima Bhat, também indiana, seguidora de Aurobindo e uma das autoras do livro *Liderança shakti: o equilíbrio do poder masculino e feminino nos negócios*.[56]

O termo *shakti*, na cultura indiana, representa a dinâmica entre as forças das energias do masculino e do feminino. Já a liderança *shakti* envolve esses dois lados, criando uma fonte infinita de energia criativa e inteligência amorosa, o que potencializa a liderança compassiva. É importante enfatizar que a liderança *shakti* não trata de gênero, mas do equilíbrio entre esses dois polos. É a sabedoria da força e do amor na medida certa.

---

[56] BHAT, N.; SISODIA, R. **Liderança shakti:** o equilíbrio do poder masculino e feminino nos negócios. Rio de Janeiro: Alta Books, 2019.

Vejamos um exemplo prático. Suponha que você esteja enfrentando um problema na sua empresa. O arquétipo masculino tende a abordar um dilema com mais agressividade, procurando resolvê-lo de maneira rápida, prática e racional. Já a natureza das mulheres, o arquétipo ou modelo feminino, tende a verificar a questão com mais cuidado, enxergando além do racionalismo e considerando o lado emocional da situação.

Para Nilima, tanto o homem quanto a mulher possuem em si ambas as energias, só que não plenamente desenvolvidas. O que a liderança *shakti* propõe é a busca pelo reequilíbrio delas. Ela defende que uma liderança feminina pode ser assertiva, racional e forte, enquanto uma masculina também pode ser empática, sensível e vulnerável.

Reflita e traga essas ideias para a sua vida. Pense em como levar essa sensibilidade, esse comportamento compassivo para o escritório. Avalie como usar essas habilidades na hora de demitir, comunicar reduções de custo e mudanças estratégicas, por exemplo. Aprenda a olhar e respeitar as dores e os medos dos seus colaboradores, entendendo que, na sua frente, existe um ser humano igual a você.

O conceito de *shakti* quebra a ideia de que a liderança precisa ser essencialmente masculina e guiada somente pela nossa cabeça, pela razão. Liderar incluindo o amor em nossas escolhas e decisões é agir também com o coração.

O desenvolvimento de novas habilidades, como presença, coragem, inclusão e humanidade, requer amor. Para isso, para despertar a amorosidade em nós, precisamos ter mais compaixão. E vou além: a liderança do futuro transcende o amor e é sustentada pela compaixão.

Liderar com compaixão é estar atento às experiências dos outros, desejar o melhor para eles e ter a melhor atitude em cada situação, construindo estratégias e processos que explorem de modo criativo, intuitivo e humano a inteligência do time. Isso tudo levando em consideração as circunstâncias e a individualidade dos envolvidos, potencializando seus talentos e criando um ambiente seguro, no qual podem expressar sua verdade. Liderar com compaixão é transcender seu próprio eu e seus interesses pessoais para incluir os outros na transformação. É atender ao próximo, compreendendo que a felicidade e o bem-estar da sua equipe fazem parte da sua vida também. É um ato de servir.

ALTRUÍSMO EGOÍSTA

Líder espiritual do budismo tibetano, Dalai Lama afirma que fazer o bem nos gera uma satisfação tão grande que vamos desejar continuar fazendo esse bem sempre para nos abastecermos dessa boa sensação. Em certa medida, é uma atitude egoísta, mas que promove o bem-estar dos outros também.[57]

O gestor compassivo é pleno, flexível, coerente, harmônico.

Pleno porque reconhece a sua própria totalidade como ser humano. Mantém-se presente e equilibrado nas suas relações pessoais e profissionais. Flexível porque sabe se adaptar a contextos diversos, às necessidades dos outros.

---

[57] DALAI Lama fala sobre por que os líderes devem ser conscientes, altruístas e compassivos. **Tibet House Brasil**, 28 fev. 2019. Disponível em: http://tibethouse.org.br/dalai-lama-fala-sobre-por-que-os-lideres-devem-ser-conscientes-altruistas-e-compassivos/. Acesso em: 12 maio 2021.

O líder de hoje precisa ter recursos para enfrentar todas as situações. Na verdade, ele deve ser como um alquimista.

Relaciona-se com empatia, é resiliente. Por fim, é coerente, congruente por ser capaz de garantir estrutura, estabilidade e harmonia. Transmite confiança e segurança.

Liderar com compaixão é fugir dos modelos tradicionais de liderança baseados no conflito, focados na competição e na destruição do inimigo para ser capaz de colaborar, servir e contribuir.

É um estilo de liderança que faz mais do que alcançar a realização pessoal e o sucesso profissional de um indivíduo, criando uma nova visão de mundo. É o liderar que acontece de dentro para fora e tem como missão expandir a nossa consciência sobre o futuro do trabalho e da experiência humana.

COMO EXERCITAR A COMPAIXÃO

Todos os dias, dentro de uma empresa, lidamos com pessoas como nós, que possuem necessidades, sentimentos, traumas, crenças, visões de mundo, desejos e sonhos. Essas pessoas também se frustram às vezes, machucam-se com palavras e situações, sentem insegurança quando não conseguem os resultados que gostariam dentro do trabalho. E, por mais que na hora não consigam demonstrar, quando vão para casa, têm momentos de muita tristeza.

Só que frequentemente esquecemos que estamos lidando com seres humanos, que somos iguais. E lembrar-se disso é essencial ao falarmos de liderança compassiva, pois só é possível entendê-la quando compreendemos o papel poderoso da compaixão no ambiente de trabalho.

Muito além da empatia, que é a capacidade de se colocar no lugar do outro, precisamos exercitar a inclusão, dar esse passo além. Da inclusão, vem a compaixão. Mas, afinal, como definir exatamente esse conceito?

Para Joan Halifax, antropóloga, professora e ativista norte-americana, compaixão significa a capacidade de estar atento à experiência dos outros, desejando a eles o melhor e sentir que tem mesmo a capacidade de ajudar, de servir.[58]

Jeff Weiner, ex-CEO do LinkedIn, foi um dos pioneiros na disseminação do conceito de liderança compassiva.[59] Ele conta que fez um voto consigo mesmo no início de sua carreira: sempre que estivesse na gestão de qualquer time, em qualquer empresa, conduziria o grupo de maneira compassiva, partindo de seu lado humano de conexão, empatia e inclusão.

Segundo Weiner, as pessoas estão acostumadas a usar empatia e compaixão como sinônimos, quando, na realidade, as duas palavras representam conceitos e práticas muito diferentes.

Para ele, empatia é a habilidade de se colocar no lugar do outro, enquanto a compaixão é uma maneira mais objetiva de empatia, que pretende encontrar um espaço entre os sentimentos das duas partes, fazendo com que sejamos capazes de apoiar o outro nas suas necessidades por meio de nossas ações.

---

[58] JOAN Halifax: compaixão e o verdadeiro significado da empatia. 2010. Vídeo (12min42s). Publicado em TED Ideas Worth Spreading. Disponível em: https://www.ted.com/talks/joan_halifax_compassion_and_the_true_meaning_of_empathy?language=pt-br. Acesso em: 12 maio 2021.

[59] SPITZECK, H. H. O que aprendi sobre liderança com o CEO do LinkedIn. **Época Negócios**, 14 out. 2019. Disponível em: https://epocanegocios.globo.com/colunas/Proposito-nos-Negocios/noticia/2019/10/o-que-aprendi-sobre-lideranca-com-o-ceo-do-linkedin.html. Acesso em: 12 maio 2021.

E como podemos exercitar a compaixão na prática como líder de uma empresa? A seguir, cito três pontos que o levarão em direção à liderança compassiva:

1. **Qualidade de atenção:** você já se pegou ouvindo uma pessoa durante uma hora e se deu conta de que não escutou nada do que ela disse? Todo mundo faz isso, mas, às vezes, ficamos tão presos no piloto automático que todas as nossas conversas se tornam superficiais. A questão aqui é: qual é a qualidade da nossa atenção? Muitas vezes, não nos permitimos escutar os outros de verdade. Será que a nossa atenção é plena e real? Será que estamos dedicando tempo de qualidade para entender nossos colaboradores e criar soluções que, de fato, funcionem para eles?

2. **Orientação para o outro:** quando você escuta os seus colaboradores, absorve – em sua totalidade – as mensagens que lhe estão sendo passadas ou simplesmente desconsidera os sentimentos e as necessidades deles? Nesse ponto, compartilho o depoimento de uma executiva de uma grande seguradora que preferiu não se identificar. Para mim, é um excelente exemplo de escuta por parte de uma líder. Vejamos:

> Recentemente tive um conflito que envolvia o líder da equipe. Ouvi muito mais do que falei, acolhi a demanda e pedi uns dias para pensar. Depois chamei o grupo novamente e decidimos construir

a solução juntos. Conclusão: a situação que parecia insustentável se tornou mais fácil de resolver do que parecia antes. Foi aí que entendi: escutar, respirar e pedir um momento para decidir fez toda a diferença no resultado. Eu não teria seguido dessa maneira tempos atrás. Buscaria solucionar tudo no momento, com todos tomados por emoções. Certamente o resultado não seria positivo.

Quando realmente escutamos o outro, conseguimos nos conectar de maneira genuína. Você, como gestor, precisa ser capaz de escutar sem julgamento, sem interrupção e sem a necessidade de estar certo ou apresentar todas as respostas.

3. Estar a serviço: tanto a atenção quanto a escuta são meios de conexão para gerar maior engajamento no seu time. Tendo consideração pelo outro e nos colocando a serviço dele, ativamos o lado pró-social do nosso cérebro, podendo despertar um engajamento que parte da bondade e da compaixão.

Em entrevista com outra executiva do mercado de seguros, Vânia Feitosa de Oliveira,[60] gerente de Subscrição na SulAmérica, ouvi o seguinte:

O aprendizado da escuta ativa foi muito importante, pois mudou a minha maneira de atuar no dia a dia,

---

[60] Vânia Feitosa de Oliveira em entrevista à autora em 19 de maio de 2021.

em todas as áreas da minha vida, criando uma relação ainda mais próxima e empática com as pessoas. Havia uma coordenadora no meu time que tinha muita dificuldade de praticar a escuta ativa também. Colocar o aprendizado da Ligia em prática fez a nossa relação melhorar significativamente: passamos a dar espaço para ouvir enquanto o outro fala. Evoluímos!

Como líderes, precisamos ter paciência e ser o exemplo da atitude e do comportamento que desejamos ver nos outros. Agora, reflita comigo: como gestor, você é aquele que só demanda de seus colaboradores ou também se coloca à disposição? Estar a serviço é demonstrar que você está sempre aberto a ajudar.

Para ajudá-lo com essa prática, sugiro que comece reservando um tempo na sua agenda para bater papo com as pessoas e ajudá-las. Reserve uma ou duas horas na semana para se dedicar ao outro. Outra maneira de ajudar é mudar a sua linguagem. Quantas vezes você pergunta para as pessoas "Como eu posso ajudar?"? Essas são pequenas mudanças que vão demonstrar que você é um líder que está a serviço do seu time.

EM CANNES

Em 2012, eu estava no Festival de Cannes, na França, onde acontece anualmente uma das maiores mostras de publicidade do mundo. E isso no mesmo local do festival de cinema de mesmo nome, com todo o glamour.

Estava no Palais, o centro de convenções que sediava o encontro, e um executivo do Facebook fazia a sua apresentação no palco principal para milhares de pessoas. Era uma das participações mais esperadas, com os ingressos disputados por pessoas do mundo todo. Senti-me privilegiada por conseguir estar ali, com o meu lugar garantido.

O jovem executivo iniciou a sua fala de modo brilhante. Estava tudo correndo bem até que, de repente, ele paralisou. Exatamente isso, não conseguiu mais se mexer, congelou. Até se manteve em pé, mas estava parecendo uma estátua. Não conseguiu mais continuar.

Aquele palestrante não conseguiu controlar as emoções, foi dominado pela ansiedade, por uma crise de estresse altíssima. Ao enfrentar uma situação que fugia do seu controle, ele teve sua tonsila sequestrada. Como e por que isso acontece?

Em seu livro mais famoso, *Inteligência emocional*,[61] o psicólogo norte-americano Daniel Goleman explica que, quando enfrentamos situações de muito estresse, podemos ter uma reação de resposta imediata e reativa em que a amígdala cerebral – responsável pelas emoções no nosso cérebro – é, quase que literalmente, "sequestrada". Nesse momento, é comum três reações acontecerem: fuga, congelamento ou luta.

Aquele executivo, diante do estresse e da pressão, congelou. Pouco depois, saiu do palco. Enquanto isso, os líderes que estavam na plateia tiveram reações variadas: uns desconcertados, querendo sair dali, outros sem reação, outros gritando e gargalhando (muitos deles de nervoso). A aflição sentida pelo protagonista da cena provocou o chamado estresse empático

---

61 GOLEMAN, D. **Inteligência emocional**: a teoria revolucionária que redefine o que é ser inteligente. Rio de Janeiro: Objetiva, 1996.

em muitas pessoas, que é quando, de tão conectados com a dor do outro, terminamos sofrendo também.

Saiba que é natural do ser humano se conectar de maneira imediata com o sofrimento alheio. Nosso cérebro foi feito para sermos empáticos. Temos neurônios-espelho[62] que contribuem para repetirmos e refletirmos o padrão do outro. Trata-se de um sistema espalhado em áreas do cérebro ligadas à linguagem, à empatia e à dor.

Alguns minutos depois, o representante do Facebook voltou para terminar a apresentação. Foi aplaudido, em grande parte pela coragem de ser vulnerável e pela resiliência que demonstrou ao se permitir tentar novamente.

QUAL SERIA A SUA REAÇÃO?

E você, como você se sente quando alguém está em sofrimento? De que maneira reage quando alguém está tenso, cometendo erros? O que faria se visse alguém com dificuldades?

Vamos imaginar uma situação. Você, que é o diretor do departamento de Marketing, está assistindo a uma apresentação do mais novo lançamento de produto de sua empresa. Seu gerente vai apresentar a novidade para toda a diretoria.

É um dos dias mais esperados dos últimos meses, o projeto novo tem tudo para gerar muita receita para a companhia. A sala de reunião está cheia, são mais de trinta

---

[62] RADFAHRER, L. Neurônios-espelho atuam na vida das pessoas de diferentes formas. **Jornal da USP**, 7 ago. 2020. Disponível em: https://jornal.usp.br/radio-usp/neuronios-espelho-atuam-na-vida-das-pessoas-de-diferentes-formas/. Acesso em: 13 maio 2021.

executivos presentes, existe uma grande pressão e um clima de muita expectativa.

A apresentação começa e você, que conhece e sabe das habilidades do seu gerente, nota que há algo de errado. Percebe que, em certo momento, ele se perde, está nervoso demais. Sua expressão se altera, ele está suando mais que o normal, o tom de voz diminui, as palavras saem engasgadas e sem clareza. Ele não consegue terminar a apresentação.

Agora, diga-me, qual a sua reação como gestor desse profissional? O que você faz no momento em que percebe que o seu funcionário está em sofrimento? Vejamos algumas opções:

1. Você coloca a mão no rosto, não acredita no que está acontecendo e pensa coisas péssimas: "Que vergonha alheia. Por que eu o convoquei para fazer essa apresentação?", "Pronto, acabou com o nosso departamento", "Cadê a porta mais próxima? Vou sumir agora", "Quero demitir essa pessoa". Você tem uma reação imediata reativa? Congela ou deseja fugir? Seja como for, fica sem saber como conduzir a situação.

2. Você não tem a menor dúvida de como solucionar essa cena. Logo se levanta, sobe no palco e tira o gerente daquela situação. Coloca-se no lugar dele e faz a apresentação. Você o exclui e mostra para todos que é o "grande salvador da pátria", o "sabe-tudo". Seu comportamento transmite,

mesmo que não verbalmente, que nem sabe por que havia convocado o gerente da área para estar lá em uma data tão importante. Você tem uma reação imediata reativa e luta pelo que acredita, independentemente de se colocar no lugar do seu funcionário ou perguntar o que ele está sentindo naquele momento. O que você precisa é resolver o problema rapidamente.

3. Você sente que há algo errado, mas conhece o potencial do seu funcionário. Pede cinco minutos de pausa na reunião, vai até o lado dele e o encoraja. Mesmo nesse momento de estresse, você é capaz de se colocar no lugar da pessoa, sabe o esforço que foi feito. E entende que a reação não é fruto de incompetência ou falta de preparo; portanto, como um coach e mentor, você é capaz de oferecer o apoio necessário para que ele se sinta seguro e vá até o fim. O que você precisa é saber que o resultado alcançado pelo seu time é parte integrante dos seus resultados.

A opção que você selecionou mostra exatamente qual é o seu estilo de liderança. O líder compassivo certamente escolherá a opção 3. Mas tudo bem se você ainda não chegou nessa escolha: vamos treinar habilidades e competências que farão com que a sua visão de mundo, a sua presença e a sua inteligência emocional tomem essa decisão naturalmente.

MAIS BONDADE, MENOS ESTRESSE

Sendo você um líder compassivo, terá, certamente, uma equipe menos estressada. Um processo que vai sendo consolidado com o tempo. Já vi acontecer muitas vezes ao longo da minha carreira, acredite.

Quando pensamos em modos de exercitar a compaixão, a primeira maneira de demonstração que nos passa pela cabeça é oferecer bondade ao outro, fazer o bem, servir ao próximo.

Em termos de liderança, a compaixão, então, é quando consideramos o bem das pessoas dentro de nossos objetivos como líderes. Ou seja, quando incluímos a felicidade e as conquistas de nossos colaboradores dentro do sucesso de nossa liderança e do nosso negócio. Nesse contexto, a liderança compassiva deseja que todos na equipe sejam capazes e tenham os recursos necessários para as suas conquistas.

Pense nisso e identifique como você pode conduzir o trabalho de maneira mais amorosa, apoiando e estimulando cada vez mais o seu time.

Pesquisadora da compaixão, a psicóloga e neurocientista alemã Tania Singer estudou os benefícios dessa habilidade no mercado de trabalho.[63] A conclusão: a compaixão reduz o estresse social.

A pesquisa feita por Singer envolveu 161 pessoas divididas em dois grupos que foram convidados a treinar

---

[63] SINGER, T. The Neuroscience of Compassion. 2015. Vídeo (19min59s). Publicado pelo canal World Economic Forum. Disponível em: https://www.youtube.com/watch?v=n-hKS4rucTY. Acesso em: 13 maio 2021.

a meditação mindfulness por três meses. Um dos grupos, além de meditar, foi estimulado a trabalhar a compaixão. Em seguida, todos foram colocados em situações de apresentação em público não responsivo, promovendo ainda mais a tensão. O nível de cortisol, conhecido como o hormônio do estresse, foi medido antes, durante e depois da ocasião. Descobriu-se que profissionais treinados em compaixão tiveram menor nível de cortisol durante as suas apresentações.

E aqui destaco que a meditação mindfulness[64] quer dizer estar atento ao que acontece no momento presente, esse mesmo que estamos vivendo agora. E isso deve nos envolver como um todo: corpo, mente, foco, atitude.

Infelizmente, nós tendemos a julgar, reclamar e, principalmente, competir uns com os outros. Por isso, para exercer uma liderança compassiva de verdade, segundo as pesquisas de Singer, precisamos desenvolver certos aspectos do nosso ser que ativam o lado social do cérebro.

Muito interessante, mas como fazemos isso?

Existe uma teoria, descoberta por cientistas, que pode ajudar no processo: a neuroplasticidade.[65] Do que se trata? Da habilidade que o nosso cérebro tem de se reestruturar e se recuperar, de se moldar de acordo com o estímulo que lhe é oferecido. E ela tem um papel essencial nos processos de aprendizagem ao longo da nossa trajetória, afinal, é isso que permite a nossa evolução.

---

[64] COSTA, L. *Mindfulness e inteligência emocional para executivos*. **Thank God It's Today**, 8 fev. 2021. Disponível em: https://blog.tgitoday.com.br/mindfulness-para-executivos/. Acesso em: 30 jun. 2021.

[65] DOIDGE, N. **O cérebro que se transforma**: como a neurociência pode curar as pessoas. Rio de Janeiro: Record, 2011.

Toda vez que aprendemos algo novo, uma nova rota neural é criada. Essa mesma rota é repetida ao exercitarmos aquele aprendizado novamente. Quanto mais treinamos uma atividade, mais essa rota é trilhada pelo cérebro e mais eficientes se tornam os seus sinais elétricos.

A plasticidade do cérebro é responsável pela nossa capacidade de nos tornarmos bons em uma determinada habilidade, seja ela qual for. Graças a esse sistema cerebral, conseguimos aprender um instrumento musical, um idioma, um esporte ou qualquer outra coisa, mesmo depois de adultos.

Aqui, a nossa missão é aprender a liderar com amor, é desenvolver a compaixão, utilizando a neuroplasticidade a nosso favor. Ela será uma grande aliada.

Pensando nisso, nos próximos capítulos vamos aprofundar algumas das práticas que foram comprovadas pela ciência como eficazes para o treinamento da compaixão. Um passo a passo para que você se transforme no líder que sempre desejou ser.

Antes de seguirmos, quero convidá-lo a fazer uma pequena pausa para a reflexão. Pense durante um minuto apenas no que você já pode começar a praticar: a compaixão e desejar o bem às pessoas.

Você pode usar a técnica a seguir antes de uma reunião, de uma negociação, de uma conversa difícil com alguém com quem você não simpatiza ou apenas para se sentir melhor consigo mesmo.

MEDITAÇÃO PARA COMPAIXÃO

Este é um convite para que você pause e apenas se conecte com este momento de leitura. Ofereça a si mesmo alguns momentos de silêncio para desejar o bem, simples assim.

Siga a prática abaixo ou escute a meditação guiada no site do livro.

www.ligiacosta.com.br/livro

- Check-in: sente-se em um lugar confortável, preste atenção à postura, fique atento à respiração.
- Prática: em sua mente – ou em voz alta, se quiser –, diga: "Eu desejo que você esteja em segurança, que você seja saudável, que tenha paz e possa viver com leveza e tranquilidade". Você pode desejar para si também.
- Sugestão de tempo: se quiser treinar a compaixão de maneira mais intensa, considere praticar a meditação mindfulness guiada. Sugiro a frequência de quinze a vinte minutos por dia, no momento mais adequado para você. Pode ser pela manhã,

à noite, em um horário que você esteja disponível para esse treino.

JOURNALING

Escreva por três minutos consecutivos. Como me sinto ao desejar bem ao outro e a mim mesmo?

MULTIPLIQUE A CONVERSA

Convido-o a gravar um vídeo ou enviar uma mensagem com uma atitude compassiva. Elogie alguém ou algum projeto. Espalhe a compaixão e seja agente de transformação. #LíderHumanoGeraResultados

Fico feliz ao observar um crescimento do entendimento da necessidade de ter, à frente das equipes, líderes que agem com menos reatividade e mais acolhimento, que são capazes de construir ambientes seguros. É para isso que estamos aqui refletindo juntos ao longo deste livro.

A seguir, começa o estudo das seis competências, começando pela humanidade.

1. HUMANIDADE

Trata-se do primeiro passo para que um líder seja compassivo.
Para sair do ego e, de fato, acessar a alma, é preciso que exista identificação com a humanidade. Quando isso

> **"Você tem que crescer de dentro para fora."**
> Swami Vivekananda (1863-1902), indiano considerado um importante difusor da ioga no Ocidente

Chegou a hora de arregaçar as mangas, de avançar algumas casas na sua transformação, na sua evolução para a liderança compassiva. E será de dentro para fora, de maneira definitiva. Daqui por diante, você vai desenvolver ainda mais a sua inteligência emocional, trabalhar novas habilidades e assim se tornar o melhor líder que pode ser. ==Você se tornará um gestor da nova era, de um mundo novo que, sabemos, muda o tempo todo.==

Para isso, as próximas páginas estão repletas de informação, reflexão e prática, enfim, dicas concretas de como chegar lá. Prometo que a jornada será boa, leve. Vamos em frente para desbravar as seis competências essenciais para a liderança compassiva: humanidade, presença, coragem, inclusão, interconexão e compaixão. Seis habilidades identificadas na imagem a seguir, que ilustra bem como tudo está interligado:

acontecer, passaremos a cuidar melhor de nós mesmos e dos outros. O líder compassivo consegue ter essa visão sistêmica e integrada.

Para começar, entenda que você faz parte do todo e que isso é ser humano. Não estamos isolados, separados, as nossas escolhas e decisões impactam a todos ao nosso redor. Assim, o primeiro passo é fazermos a transição da liderança pautada no eu e nos movermos em direção ao nós, ao coletivo. ==Quando você se enxerga como parte do todo, é capaz de compreender que é um ser humano igual a qualquer outro.==

Para chegar a esse estado de compreensão, é preciso estar alerta vinte e quatro horas por dia. Lógico, você não estará acordado vinte e quatro horas de domingo a domingo, não é uma atitude sustentável, quero apenas enfatizar que não existe outra maneira de nos conectarmos com essa habilidade se não trabalharmos a nossa autoconsciência, a vigilância dos nossos pensamentos.

Somos autoconscientes ao observar as nossas emoções, os nossos sentimentos, aquilo que a nossa intuição nos traz. Já sabemos que bastam frações de segundos para entrarmos no modo piloto automático, aquele no qual nos deixamos levar e tomamos decisões que podem não ser as melhores. A boa notícia é: existe uma maneira de fazer diferente. Como no exemplo abaixo, um relato que eu ouvi de um executivo durante um treinamento:

> Outro dia recebi um e-mail com palavras grosseiras. A minha reação imediata foi responder na mesma altura, afinal, eu sou o chefe e a decisão final é minha. Ainda bem que o telefone tocou, era minha esposa dizendo que a mãe estava melhor e havia recebido

alta do hospital. Encerrei a chamada, tive três minutos para me acalmar. Em seguida, eu me coloquei no lugar do meu funcionário e me lembrei de que ele também estava com problemas na família. Reli a mensagem e percebi que talvez não fosse uma agressão. Tive a sensação de que estamos juntos nessa e precisamos nos ajudar. Liguei para ele, ouvi a sua demanda e, em menos de meio período, ele resolveu a questão. Em outros momentos eu não teria esse olhar, sempre me coloquei como superior, como se eu tivesse todas as respostas. Eu estava vigilante, e me lembrei de você, Ligia, e das suas aulas sobre liderança compassiva.

Esse depoimento é uma ótima amostra do quanto é possível liderar pelo exemplo, servindo a si e aos outros com compaixão. Não importa o cargo, somos igualmente humanos e precisamos nos conectar com o outro do jeito que ele é. Não digo que seja fácil, mas é possível.

Mas, nesse sentido, como ser vigilante para observar o descontrole, superá-lo e agir de modo diferente? Conseguir parar antes de ter qualquer reação é o grande segredo. A partir do momento em que reconhecemos isso, podemos criar novos planos de ação e fazer escolhas que valorizem os nossos objetivos individuais. Assim poderemos desmistificar preconceitos, julgamentos e crenças do passado que não necessariamente são nossas.

E tudo bem sentir-se inseguro no meio do caminho. Quanto a isso, você pode usar uma técnica simples de parar sempre que sentir medo, quando pensamentos sabotadores estiverem em sua mente ou em situação de forte estresse (falta de acordos, brigas e conflitos). Siga os passos a seguir:

- Pense na situação em questão.
- Faça três respirações para estabilizar e regular as suas emoções.
- Reflita se o seu medo pode ser algum viés inconsciente que você tenha guardado.
- Enfrente tudo o que vier e verifique se essas emoções são suas mesmo ou se são padrões automatizados. Escolha fugir do padrão.
- Mude a sua resposta reativa por uma resposta mais coerente e compassiva.

Os resultados vão surpreender você, assim como surpreenderam uma gerente de Recursos Humanos que me contou a história a seguir:

> Há um ano, vivenciei uma situação muito desafiadora com um cliente que gritava, que me desrespeitou demais. Isso criou um enorme bloqueio na nossa relação. A técnica de respiração e de concentrar as emoções no que está acontecendo no momento me ajudou a ressignificar essa experiência e mudou o nosso relacionamento. Foi uma ponte que eu consegui "repavimentar". Hoje, trabalhamos juntos com tranquilidade.

A HABILIDADE DA HUMANIDADE EM EMPRESAS

As empresas podem e devem trabalhar a humanidade nas suas equipes, oferecendo apoio principalmente em tempos incertos. É o caso, por exemplo, da companhia de seguros SulAmérica. Para mim, um case que ilustra bem essa habilidade da liderança compassiva.

Em 2020, durante a pandemia de covid-19, o setor de Capital Humano, Administrativo e Sustentabilidade da seguradora lançou, para mais de 4 mil funcionários, um novo posicionamento de "saúde integral". Para a vice-presidente da área, Patrícia Coimbra, o entendimento era o de que "tudo o que vai para fora começa por dentro".

Diferentes iniciativas foram realizadas com o objetivo de manter o bem-estar dos times durante o trabalho remoto. Entre elas, suporte e ajuda de custo em função do home office, apoio de inteligência emocional para toda a liderança, *lives* informativas, acompanhamento médico e o principal: clareza e transparência na comunicação.

Depois disso tudo, mais de três pesquisas internas foram realizadas para avaliar o clima organizacional na empresa. Alguns dos resultados: 87% dos funcionários disseram ter tido ganhos na produtividade e 98%, uma melhora na sua qualidade de vida.

DICAS: TORNE-SE CADA VEZ MAIS HUMANO

Conecte-se com o humano que habita em você. Assim, convido-o a refletir sobre as seguintes questões:

- Você habita um corpo físico. Poderá amá-lo ou odiá-lo, mas ele será seu todo o tempo.
- Você aprenderá lições. Você está matriculado em uma escola informal de tempo integral chamada vida.
- Todos os dias você terá a oportunidade de aprender lições e poderá considerá-las idiotas ou relevantes.

- Não há erros, apenas lições. O crescimento é um processo de experimentação; alguns experimentos são malsucedidos e outros funcionam, simples assim.
- Cada lição aprendida é apresentada a você de diversas maneiras. Quando a tiver aprendido, poderá passar para uma nova etapa. Aprender é uma tarefa sem fim. Não há nenhuma parte da vida que não contenha lições. Se você está vivo, há o que aprender.
- "Lá" não é melhor do que aqui. Quando o seu "lá" se tornar um "aqui", você simplesmente terá um outro "lá" que, novamente, parecerá melhor do que "aqui".
- Os outros são apenas espelhos. Você não pode amar ou odiar alguma coisa em outra pessoa, a menos que ela reflita algo que você ame ou deteste em si mesmo.
- O que você faz da sua vida é problema seu. Você tem todos os recursos de que precisa. O que faz com eles não é da conta de ninguém. A escolha é sempre sua.
- A resposta para qualquer questão está dentro de você. Só precisa pausar, silenciar, observar, ouvir e confiar.

Permita-se aceitar a impermanência, abra-se para a humanidade que existe em você, aceite, acredite. Se o mundo virar de cabeça para baixo, como virou por ocasião da pandemia de covid-19, aceite a mudança de rota, seja humano e trabalhe para acolher a si mesmo e à sua equipe, como buscou fazer a SulAmérica no case que você acompanhou algumas linhas atrás.

REFLEXÃO

Como posso observar uma situação de falha e frustração e entender que ela é parte da experiência humana compartilhada? Saiba que não é apenas você que experimenta momentos difíceis, somos todos humanos e vivemos experiências impermanentes de alegria e de tristeza. Podemos experimentá-las e deixá-las ir.

MEDITAÇÃO DA HUMANIDADE

O objetivo dessa prática é que você se conecte com a humanidade compartilhada; que tenha a consciência de que todos somos seres humanos iguais, com medos, dores, vulnerabilidades, independentemente de cargos hierárquicos, condições sociais, gênero, religiões ou etnias.

Siga a prática abaixo ou escute a meditação guiada no site do livro.

www.ligiacosta.com.br/livro

- Check-in: sente-se em um lugar confortável, preste atenção à postura, fique atento à respiração.
- Prática: traga para a sua mente uma situação em que você teve um viés inconsciente, uma crença, e se envergonhou por sentir esse preconceito e ter esse pensamento. Inspire e expire e acolha a sua vulnerabilidade e a sua vergonha. Ofereça a si mesmo algumas palavras acolhedoras: "Está tudo bem, faz parte, estou aqui, obrigado, vou me observar mais, sou amado e respeitado. É parte da experiência humana".
- Sugestão de tempo: se você desejar treinar meditação mindfulness de maneira mais intensa, considere praticar a versão guiada. Sugiro a frequência de quinze a vinte minutos por dia, no momento mais adequado para você.

JOURNALING

Escreva por cinco minutos consecutivos. Qual impacto você acha que sentirá em sua rotina ao atentar aos vieses inconscientes? Como ressignificá-los para agir com mais humanidade?

2. PRESENÇA

Bem-vindo à segunda habilidade essencial do líder compassivo: a presença, o estar 100% presente. Já vimos que ser multitarefa não é sinônimo de produtividade. Pelo contrário: todo esse excesso de informação está gerando distração, estresse, ansiedade e burnout.

Para se ter uma ideia, em 47% do tempo a nossa mente divaga, segundo pesquisa realizada pela Universidade Harvard,[66] nos Estados Unidos. E manter a atenção plena no momento presente e trabalhar com foco é um elemento fundamental para o futuro da sua liderança.

Você já se conscientizou a respeito de quantas decisões toma ao longo do dia? Qual a sua agilidade para avaliar a situação, analisar propostas, fazer escolhas? Que critério você usa para priorizar tarefas e otimizar o seu tempo e o da sua equipe? Como mantém sua performance com alta produtividade? Consegue fazer tudo isso de maneira sustentável, sem surtar? Como manter o foco com tantas distrações?

Liderar com amor é estar 100% presente. Estar completamente presente em tudo o que você faz, mas de maneira equilibrada. Esse é um grande passo para o seu melhor desempenho.

Nesse sentido, a meditação mindfulness é uma grande aliada na prática de se manter presente no momento. É a base do processo para caminharmos rumo à liderança compassiva.

---

[66] FRANCE, Presse. Mentes divagantes tornam pessoas infelizes, conclui pesquisa. **G1**, 11 nov. 2010. Disponível em: http://g1.globo.com/ciencia-e-saude/noticia/2010/11/mentes-divagantes-tornam-pessoas-infelizes-conclui-pesquisa.html. Acesso em: 18 maio 2021.

A palavra "meditação", aliás, tem origem no latim: *meditare*, que tem o sentido de voltar-se para o centro, direcionarmos a nossa atenção ao interior do ser.[67]

Neste livro, as meditações apresentadas são exatamente do tipo mindfulness, que é um estilo de meditação simples, livre de religiosidade. Seu principal benefício é exercitar a mente, permitindo que todas as experiências do momento estejam presentes. É uma prática meditativa contemplativa multissensorial que pode ser realizada formalmente enquanto está sentado, em pé, deitado, durante as alimentações, caminhando ou até em posturas suaves de alongamento. O objetivo do estilo de meditação mindfulness é preencher a mente com todas as experiências do momento presente.

Diferentemente do que muitos pensam, meditar não é esvaziar a mente. Criador do programa *Mindfulness Based Stress Reduction*, que popularizou a prática de meditação mindfulness no Ocidente, o médico e professor Jon Kabat-Zinn[68] destaca exatamente esse ponto.

Mas quais são exatamente as vantagens de ser um líder presente, com atenção plena em sua jornada de trabalho? Segundo a neurociência, o córtex pré-frontal[69] é a área

---

[67] MEDITAR. *In*: DICIO Dicionário Online de Português. Disponível em: https://www.dicio.com.br/meditar/. Acesso em: 5 jul. 2021.

[68] BAIOFF, A.; CAIXETA, R. Conheça o mindfulness, novo método de meditação criado por um médico. **Correio Braziliense**, 2 dez. 2018. Disponível em: https://www.correiobraziliense.com.br/app/noticia/revista/2018/12/02/interna_revista_correio,722510/conheca-o-mindfulness-metodo-de-meditacao-criado-por-um-medico.shtml. Acesso em: 5 jul. 2021.

[69] MARTINS, V. O que se passa no nosso córtex pré-frontal? **Oficina de Psicologia**, 6 jun. 2014. Disponível em: https://www.oficinadepsicologia.com/no-cortex-pre-frontal/. Acesso em: 18 maio 2021.

do nosso cérebro responsável por diferentes funções cognitivas, como atenção, julgamento, resolução de problemas, discernimento, pensamento crítico, organização, priorização, controle de impulsos, perseverança, regulação emocional e aprendizado contínuo a partir das experiências. Quando essa área não é desenvolvida, ou quando algo nela está desregulado, podemos perceber distrações, problemas em manter a atenção, procrastinação, hiperatividade, falta de organização, baixa capacidade de julgamento, ansiedade, dificuldade em gerir o tempo, atrasos constantes, ansiedade.

As práticas de meditação mindfulness contribuem exatamente para o desenvolvimento dessa região cerebral. Sinto-me realizada quando, após os treinamentos e cursos, recebo depoimentos como o seguinte, de um executivo de São Paulo:

> Com muita frequência, eu me distraía com besteiras. Estava escrevendo um e-mail e uma simples notificação no celular desviava a minha atenção. Eu nem sei quanto tempo ficava perdido até me ligar e voltar para a mensagem. Inclusive já passei por situações de nem lembrar o que tinha que escrever, o que só acontecia algum tempo depois. Hoje, após começar a meditar, consigo perceber quando a minha mente divagou e voltar rápido para a tarefa que eu precisava realizar, sem me perder por tanto tempo.

Outro relato que tenho orgulho em compartilhar é o de uma executiva do Rio de Janeiro:

> Eu não parava para escutar. A pessoa me fazia uma pergunta, e eu a interrompia, já lhe oferecendo uma

resposta. Pior ainda: algumas vezes, eu nem sequer olhava para a pessoa, continuava no celular, e o meu interlocutor falando como se eu nem estivesse ali presente. Mudei completamente depois da mindfulness.

BENEFÍCIOS DA MINDFULNESS

Pessoas que praticam mindfulness experimentam maior clareza mental e mais facilidade na hora de tomar decisões. Confira o que me disse uma gestora chamada Sandra:

> Parar para me analisar me ajudou a tomar a decisão de pedir demissão. As práticas meditativas me empoderaram e me ensinaram a ter clareza. Sou formada na área de educação e me sentia frustrada por não ter seguido em frente. Iniciei meu mestrado e agora estou feliz.

Essa técnica de meditação também desenvolve a autoconsciência e a consciência das emoções, levando-nos a sair do piloto automático e a agir com mais controle. Assim, passamos a não reagir mais de imediato.

Uma pesquisa feita pela Universidade de Turku, na Finlândia,[70] apontou que, a partir do momento em que somos autoconscientes e nomeamos as nossas emoções, podemos utilizá-las para as nossas tomadas de decisão.

Meditar também atua na redução de estresse. Uma pesquisa feita pelo Hospital Israelita Albert Einstein em parceria com a Universidade Federal de São Paulo (Unifesp) e o Instituto Appana Mind revelou que uma hora e quinze

---

[70] NUMMENMAA, L. et al. Bodily maps of emotions. **PNAS**, 30 dez. 2013. Disponível em: https://www.pnas.org/content/early/2013/12/26/1321664111?with-ds=yes. Acesso em: 18 maio 2021.

minutos de meditação, três vezes por semana, ao longo de dois meses, conseguiram cortar pela metade a concentração do hormônio do estresse, o cortisol, em uma turma de cuidadores de doentes de Alzheimer, categoria profissional na qual os índices de estresse costumam ser muito altos.[71]

O mesmo prazo, dois meses, foi identificado em outro estudo, dessa vez feito na Universidade Harvard, nos Estados Unidos, sob o comando da neurocientista Sara Lazar.[72] A equipe de Lazar avaliou dezesseis indivíduos que fizeram um programa de mindfulness por oito semanas. Depois, todos foram submetidos a exames de ressonância magnética, em que se constatou um aumento significativo da densidade de áreas cerebrais associadas à memória, ao controle do estresse e à compaixão.

Viu só? Você só precisa de sessenta dias para reprogramar a sua mente.

Aceitar e viver plenamente o momento presente gera uma felicidade sustentável. Aplicadas à força de trabalho, as emoções positivas experimentadas de forma individual por funcionários criarão um efeito cascata que beneficia o funcionamento organizacional. Paz, gratidão, satisfação, prazer, inspiração, esperança, curiosidade e amor se enquadram nessa categoria.

AS TRÊS RESPIRAÇÕES CONSCIENTES

Por meio da respiração, fortalecemos o autocontrole. Segue uma dica prática de foco e presença que você pode

---

[71] MEDITAÇÃO mindfulness contra o estresse. **Veja Saúde**, 30 jun. 2017. Disponível em: https://saude.abril.com.br/mente-saudavel/meditacao-mindfulness-contra-o-estresse/. Acesso em: 18 maio 2021.

[72] Ibidem.

integrar à sua rotina: as três respirações conscientes. Antes de reuniões, de responder e-mails, de enviar mensagens de WhatsApp, de refeições, de ter conversas, sempre, a cada meia ou uma hora, coloque um lembrete no alarme do celular.e pause por alguns segundos para retomar o foco.

Faça assim: com três respirações, traga a sua atenção para o momento presente. Inspire e atente à sua respiração, ao seu corpo e à sua mente, perguntando-se: o que é importante agora?

Bastam três respirações para você começar, mesmo que ainda de maneira tímida, a orientar seu foco para a sua intenção e o seu momento presente. Quanto mais presente você estiver no nível consciencial, mais será capaz de oferecer sua atenção plena ao outro. Faça dessa prática um hábito, e você obterá todos os benefícios que ela provê.

Se estamos falando de atenção, vale a pena ouvir o relato da Roberta, gerente em uma instituição financeira com atuação em todo o país. Para mim, ela é um exemplo de liderança que desenvolve a sua presença e a sua capacidade de orientar o outro.

No início de 2021, recém-promovida, deparou-se com a necessidade de um ajuste no quadro de funcionários de sua área, o que reduziria a sua equipe quase pela metade. Como era de esperar, ela ficou abalada com a notícia. Segue o depoimento:

> O que fiz diante da notícia do ajuste no quadro de funcionários? Sentei e escutei a todos. Primeiro, validei os sentimentos de medo, angústia, dúvida etc. Disse que era normal sentir-se fragilizado e que ali eles tinham

liberdade para falar sobre isso. Percebi que muita gente não consegue nem contar em casa o que acontece no trabalho. Disse que eles teriam toda a minha atenção. Pedi empatia para que ninguém parasse de atender bem os clientes e exercer com dedicação a sua função. Finalizei o dia agradecendo o apoio de todos.

Ela ainda disse mais:

> Sabe como o expediente terminou? Um dos colegas perguntou como eu estava me sentindo, afinal, tinha perdido carteiras relevantes, quase metade da equipe, e ainda passei horas ouvindo todos eles. Disseram que também queriam cuidar de mim. Gentileza gera gentileza.

Mesmo em um contexto tão difícil, a equipe se reergueu e conseguiu entregar os resultados esperados.

Ficou inspirado? Vamos entender como funciona e como colocar em prática a escuta atenta? Basta seguir os passos abaixo.

PRÁTICA: ESCUTA ATENTA

Liderar com amor é estar 100% presente. Uma escuta atenta com sua equipe, agora você sabe, gera confiança e conexão. Vamos à primeira etapa:

- Faça três respirações para mudar, para se conectar com a sua intenção.
- Inspire e traga a atenção para a respiração, traga a atenção para o seu corpo.

- Inspire e veja alguma similaridade no outro, conecte-se com a humanidade.
- Inspire e deseje bondade.
- Lembre-se de escutar ativamente.
- Mesmo que pensamentos e distrações surjam, relembre que você está apenas escutando; controle a sua mente para escutar sem interromper, sem julgar o que o outro diz, sem retrucar. Não complete frases pela outra pessoa. Limite-se a ouvir. Espere até o seu interlocutor terminar de falar.
- Ajuste seu corpo, conscientize-se da sua postura para escutar.
- Minimize as distrações do ambiente.
- Olhe no olho, mantenha-se na mesma altura da pessoa.
- Desligue as notificações do celular, pare de digitar ou trabalhar.
- Dedique-se apenas à escuta.

DURANTE A ESCUTA

O que vai ajudar na conexão é fazer com que o seu interlocutor saiba que você o está ouvindo por meio de expressões faciais e sons.

Que a escuta seja empática, que ela se dê pelo sentir. Se necessário, repita o que foi dito quando a pessoa finalizar a fala: "Aquilo que eu ouvi você sentir foi...". Fale do sentimento e permita que ela comente de volta o que você disse.

Faça perguntas generosas. Quando a pessoa fizer pausas, como um bom ouvinte, faça perguntas que promovam descobertas e reflexões. Mas isso com delicadeza e de maneira construtiva.

Ouvir bem envolve interações que aumentam a autoestima de uma pessoa. Os melhores ouvintes tornam a experiência positiva para a outra parte, o que não acontece quando o ouvinte é passivo (ou crítico). Ouvir significa criar um ambiente seguro em que questões e diferenças possam ser discutidas abertamente.

MEDITAÇÃO DA ATENÇÃO PLENA

O objetivo da prática de mindfulness é treinar o seu foco e a sua concentração. Sustentarmos a atenção para sermos mais produtivos é uma habilidade que pode ser desenvolvida por meio de treino mental.

Siga a prática abaixo ou escute a meditação guiada no site do livro.

www.ligiacosta.com.br/livro

- **Check-in**: sente-se em um lugar confortável, preste atenção à postura, fique atento à respiração.

- Prática: concentre-se na respiração, acompanhe todos os ciclos com curiosidade e olhar de aprendiz, como se você estivesse observando a respiração pela primeira vez. Mantenha o foco. Mesmo se as distrações surgirem, apenas note e reoriente-o para a respiração.
- Sugestão de tempo: se você desejar treinar atenção plena de maneira mais intensa, considere praticar a meditação mindfulness guiada. Sugiro a frequência de quinze a vinte minutos por dia, no momento mais adequado para você. Pode ser pela manhã, à noite, em um horário que você esteja disponível para esse treino.

JOURNALING

Escreva por cinco minutos consecutivos. *Qual foi minha experiência com o exercício de atenção focada? Quais os benefícios em sustentar o foco ao longo do meu dia?*

MULTIPLIQUE A CONVERSA

Realize uma escuta com atenção plena com um colega e em seguida compartilhe a experiência para que outros possam aprender com você. #LíderHumanoGeraResultados

3. CORAGEM

Liderar com amor exige coragem, a terceira habilidade essencial do líder compassivo.

Autora, pesquisadora e professora da Universidade de Houston, nos Estados Unidos, Brené Brown[73] é uma referência no debate sobre o assunto. Para ela, o que nos impede de conduzir equipes com amor é a nossa autocrítica, a expectativa da aceitação dos outros, o desejo de pertencer o tempo todo, o não estar no momento presente e o não ouvir o próprio coração.

Eu sei, nem sempre é fácil, pois buscamos aceitação e pertencimento, queremos ser reconhecidos. Apenas pense que, na maioria das vezes, você vai estar em situações em que terá de seguir sozinho, respeitando a sua causa, os seus valores.

Liderar com amor é puxar a fila, assumindo a sua personalidade e o seu propósito. Assim foi com Gisele Alves, diretora de Marketing da empresa de comunicação Verizon Media.

Em entrevista com ela,[74] que mora com os dois filhos em Nova York desde maio de 2020, me chamou a atenção ouvir que o seu diferencial é "criar oportunidades no caos". Ela me disse que, em dez dias, havia recriado o plano estratégico da empresa no período da pandemia, quando seus pares demoraram quase seis meses para executar a

---

[73] BROWN, B. **A coragem para liderar**: trabalho duro, conversas difíceis, corações plenos. Rio de Janeiro: BestSeller, 2019.
[74] Gisele Alves em entrevista à autora em 13 de março de 2021.

Permita-se aceitar a impermanência, abra-se para a humanidade que existe em você, aceite, acredite.

mesma tarefa. Esse comentário não me foi dito para que ela se promovesse, mas para mostrar o desempenho e a coragem de uma mulher brasileira em posição executiva no exterior. Escutei e senti o quanto ela enfrenta inúmeros desafios por ser mulher, estrangeira, latina. Até o inglês que ela fala já foi questionado.

"Nunca entrei na competição, sempre olhei com empatia para todos os que me julgam", afirmou ela. "Lido com o medo da mudança e do recomeço, mas nada tira de mim as minhas motivações profissionais e a qualidade de vida que consigo proporcionar para os meus filhos."

Tudo o que Gisele conquistou foi fruto da sua coragem em deixar família e ex-marido para seguir o coração e os próprios valores. Gi, como a chamo carinhosamente, lidera times globais, é extremamente competente e tem um olhar compassivo como poucas profissionais que já conheci. Ela concorda comigo quando digo que falar apenas o que o chefe quer ouvir pode gerar desconfiança. E que aqueles que só dizem "sim" podem levar o gestor a se perguntar: "Será que essa pessoa não tem criatividade e amor-próprio, concorda com tudo sempre?". Além disso, gera a desconexão de trabalhar contra si mesmo, contra as próprias crenças e opiniões. Não caia nessa armadilha, não vale a pena.

ESCRITA REFLEXIVA

Para ampliar a reflexão sobre o tema, faça uma lista com os seus dez principais valores. Pare e pense um pouco sobre eles e sobre como você pode (ou não) vivenciá-los no trabalho.

MEDITAÇÃO PARA CORAGEM

Essa prática tem como objetivo fortalecer a coragem, ampliar a conexão com o momento presente por meio da repetição de afirmações positivas que empoderam, respeitando valores próprios, a fim de enfrentar obstáculos de modo seguro.

Siga a prática abaixo ou escute a meditação guiada no site do livro.

www.ligiacosta.com.br/livro

- Check-in: sente-se em um lugar confortável, preste atenção à postura, fique atento à respiração.

- Prática: repita as afirmações positivas: "Coragem não é esperar a aceitação do outro, é aceitar-se e ser gentil consigo, é entender as suas forças e limitações, trabalhá-las com consciência. Tudo de que eu preciso está comigo. Tudo de que eu preciso vem até mim. Tudo de que eu preciso flui através de mim".
- Sugestão de tempo: se você desejar treinar a coragem de maneira mais intensa, considere praticar a meditação mindfulness guiada. Sugiro a frequência de quinze a vinte minutos por dia, no momento mais adequado para você.

JOURNALING

Escreva por cinco minutos consecutivos. Por que a coragem contribui para que eu siga alinhado com os meus valores e fatores motivacionais?

MULTIPLIQUE A CONVERSA

Que tal iniciar sua próxima reunião de equipe falando sobre os seus valores e permitindo que todos reflitam individualmente sobre o tema? #LíderHumanoGeraResultados

4. INCLUSÃO

Liderar com amor é, também, ser inclusivo, a quarta habilidade essencial de uma liderança compassiva. É um passo além da habilidade de sermos empáticos: precisamos não apenas ser capazes de sentir o que o outro sente, mas de, efetivamente, ser facilitadores para incluir pessoas diversas em nossos ambientes organizacionais.

Em entrevista com Salim Khouri,[75] líder global de Cultura, Gestão de Talentos e Desenvolvimento de Liderança da Vale, um entusiasta no tema diversidade e inclusão, ouvi números que ilustram esse assunto. Por exemplo: 68% das pessoas LGBTQIA+ já ouviram comentários preconceituosos no trabalho e apenas 36% se sentem à vontade para revelar quem são no ambiente profissional.

Nesse ponto, a boa notícia é o surgimento de ferramentas a favor da inclusão. É o caso da plataforma TransEmpregos, de vagas para pessoas trans.[76] O serviço tem parceria com empresas de várias áreas para empregar candidatos com esse perfil.

De acordo com Khouri, os negros representam 54% da população brasileira, mas menos de 1% ocupa cargos de executivos. Uma mulher negra chega a ganhar 40% menos que um homem branco. As mulheres são 51,4% da população brasileira e chefiam 40% das famílias. Pelo menos 24%

---

[75] Salim Khouri em entrevista à autora em 25 de fevereiro de 2021.
[76] BARROS, F. "Vivia com medo de ser reprimida"; site ajuda pessoas trans a terem emprego. **Tilt UOL**, 28 mar. 2021. Disponível em: https://www.uol.com.br/tilt/noticias/redacao/2021/03/28/pessoas-trans-usam-plataforma-online-para-conseguir-emprego.htm. Acesso em: 30 jun. 2021.

dos brasileiros são pessoas com deficiência e 86% das empresas admitem que só contratam funcionários com esse perfil para cumprir cotas legais.

Sobre o tema, a rede varejista Magalu se tornou referência no mercado brasileiro ao lançar o primeiro programa de trainee exclusivo para pessoas negras.[77] Isso porque, na avaliação da empresa, o processo era realizado com exigências que impediam os negros de se inscrever.

A companhia olhou para dentro e notou que 53% dos funcionários eram negros, mas apenas 16% ocupavam cargos de liderança.[78] Luiza Helena Trajano, presidente do conselho de administração do Magalu, contou que a decisão partiu de um grupo de diretores e de funcionários negros.

Aqui está o segredo: ser inclusivo não é tratar todos de maneira igual, mas, sim, dar um passo à frente e realmente ser capaz de incluir o outro, respeitando as suas necessidades e interesses, como fez o Magalu. Adequar o processo é um exemplo de equidade.

Para incluir de verdade, precisamos ter coragem de seguir nossos valores com disposição para testar novos modelos. Precisamos saber conduzir conversas difíceis, trabalhar a imparcialidade e o não julgamento, desenvolver a compaixão para aceitar, amar e estar a serviço do outro. É um exercício diário.

---

[77] SILVEIRA, D.; BASÍLIO, P. Programa de trainee para negros do Magazine Luiza cumpre papel constitucional, dizem advogados. **G1**, 21 set. 2020. Disponível em: https://g1.globo.com/economia/concursos-e-emprego/noticia/2020/09/21/programa-de-trainee-para-negros-do-magazine-luiza-cumpre-papel-constitucional-dizem-advogados.ghtml. Acesso em: 19 maio 2021.

[78] PINHEIRO, A. C. Por que o trainee do Magazine Luiza para negros incomodou tanto? **Claudia**, 22 set. 2020. Disponível em: https://claudia.abril.com.br/carreira/magalu-trainee-negros/. Acesso em: 19 maio 2021.

Agora, deixo para você mais um exercício de visualização criativa para fortalecer a sua empatia, o que o levará a ser um líder aberto à inclusão.

MEDITAÇÃO DA INCLUSÃO

Essa prática tem como objetivo nos despertar para nossos vieses inconscientes e irmos além de aparências. Observarmos com o coração, abertos para um olhar mais amoroso de aceitação e inclusão sem preconceitos.

Siga a prática abaixo ou escute a meditação guiada no site do livro.

www.ligiacosta.com.br/livro

- Check-in: sente-se em um lugar confortável, preste atenção à postura, fique atento à respiração.
- Prática: pense em uma pessoa que você adora, mas que fez algo que o entristeceu. Como você se sentiria em relação a essa pessoa? Traga para sua mente uma pessoa que você não conhece ou contra a qual teve preconceito e fez algo que o

surpreendeu. Como você se sentiria em relação a essa pessoa? É muito provável que suas emoções em torno de uma pessoa mudem muitas vezes. Por que rotulá-las, em vez de encará-las como um ser humano igual a você?

- Sugestão de tempo: se desejar treinar a inclusão de maneira mais intensa, considere praticar a meditação mindfulness guiada. Sugiro a frequência de quinze a vinte minutos por dia, no momento mais adequado para você.

JOURNALING

Escreva por cinco minutos consecutivos. Todos merecem consideração igual como seres humanos. Independentemente de etnia, origem, condições sociais, gêneros e cultura, somos todos iguais e desejamos ser saudáveis, ter segurança, viver em paz e harmonia. O quanto julgamos e agimos de maneira inconsciente?

MULTIPLIQUE A CONVERSA

Que tal dialogar e fazer mais perguntas sobre temas relevantes para nos aprofundarmos ainda mais no conhecimento que está sendo apresentado, superando vieses inconscientes? #LíderHumanoGeraResultados

5. INTERCONEXÃO

Liderar com amor é estabelecer interconexão, que por sua vez é a consciência de que estamos todos ligados, alinhados, como em uma rede. Uma questão de sobrevivência. Muito prazer, essa é a quinta habilidade essencial do líder compassivo.

Existe o mundo dito real, material, mas não podemos desconsiderar que também vivemos em um mundo energético.

A dificuldade é que ambientes corporativos não surgem da necessidade humana de coexistir, mas, sim, de um modo artificial de produzir, gerar riqueza. Por esse motivo ainda competimos, disputamos e excluímos quem nos ameaça.

Quando compreendermos que tudo faz parte do todo e que somos uma grande rede interconectada, permitiremos que a dimensão da realidade da nossa alma também esteja presente. É um mundo explicado pela física quântica[79] – um ramo da ciência que explica como funciona o universo em nível microscópico, partículas que formam tudo, partindo dos átomos para as moléculas, os tecidos e os órgãos. Uma explicação que se baseia no fato de que tudo é energia. Diante disso, enquanto nos identificarmos apenas com o nosso corpo físico, não teremos consciência do que está acontecendo em nossa realidade energética, que é maior, mais ampla do que é possível ver a olho nu.

Sob essa lógica, temos, além do tato, paladar, olfato, visão e audição, outros sentidos como a intuição, a percepção, a sensibilidade, a sincronicidade, a inspiração e a voz que vem do coração como essenciais nas nossas tomadas de decisão.

---

[79] VAIANO, B. Física quântica: entenda de uma vez - ou não. **Superinteressante**, [s.d.]. Disponível em: https://super.abril.com.br/especiais/fisica-quantica-entenda-de-uma-vez-ou-nao/. Acesso em: 19 maio 2021.

Você mesmo já deve ter entrado em uma reunião e se sentiu mal, teve dores de cabeça. Ou tomou uma decisão, mas o seu "sexto sentido" dizia para você seguir outro caminho. Já dormiu e, quando acordou, sabia a resposta para a pergunta difícil de uma dúvida que precisava solucionar.

Para liderar com amor, você precisa ir além, levar para o seu trabalho as suas experiências de sincronicidade, inspiração, voz da alma, percepção, sensibilidade. Você precisa trabalhar, confiar, entregar-se às suas inteligências física, mental e espiritual.

Nós nos conectamos com as pessoas por meio de seus campos eletromagnéticos, com a energia de cada um. Algumas se conectam e outras se repelem. Portanto, se você vibra no amor, é isso que você atrai. Se vibra na escassez, atrai falta e assim por diante.

Pense que:
Pensamentos formam palavras.
Palavras geram ações.
Ações formam hábitos.
Hábitos moldam o seu caráter.
Seu caráter determina o seu destino.

E o que isso tem a ver com liderança? Tudo. Você só será capaz de liderar se inspirar confiança, se os seus valores e o seu propósito estiverem claros. Se você tiver coerência entre o falar e o sentir, a sua palavra vai ressoar nos outros.

NA HORA DO FEEDBACK

Outra habilidade importante do líder compassivo é saber dar retornos (feedbacks) aos colaboradores. Esse é um momento importante em que a interconexão é fundamental.

Seguem algumas dicas de como conduzir um feedback de modo eficiente.

Antes:

- Agende um horário, reservando em torno de trinta minutos para esse encontro.
- Envie um e-mail antes para agendar.
- Organize-se para que o seu feedback seja assertivo e empático.

Durante:

- Conecte-se com o momento presente e com a intenção da orientação a ser dada.
- Seja objetivo, faça o que precisa ser feito.
- Esteja presente.
- Respeite a visão, a opinião e o olhar do outro; ele é um ser humano igual a você.
- Faça perguntas sobre a situação.
- Escute, ofereça a sua atenção plena para ouvir sem julgamento.
- Apenas escute, mantenha-se focado. Permita que a pessoa fale sem ser interrompida até concluir o raciocínio.
- Sinta. Observe como estão ressoando em você as palavras do seu funcionário. O que você está sentindo? Está nervoso? Com raiva? Distraído? Sente que o seu interlocutor está sendo honesto?

- Qual a sua postura corporal nesse momento? E a do outro?
- Simultaneamente à escuta, espelhe a resposta. Para isso, apenas diga: "Aquilo que o ouvi sentir enquanto você falava foi...".
- Seja flexível, dialogue. Coloque-se no lugar da pessoa, tente enxergar a história pelo ponto de vista do outro e somente depois volte ao seu lugar.
- Tente fazer um acordo positivo. Coloque-se para solucionar a questão e encontrar um acordo que seja positivo para ambas as partes.
- Por fim, decida qual será o próximo passo. Selecione o caminho mais positivo para as duas partes e ofereça o direcionamento desejado. Agende a data do próximo retorno a respeito do assunto tratado.

MEDITAÇÃO DA INTERCONEXÃO

O objetivo da prática de mindfulness é treinar a atenção aberta. É permitir que tudo esteja presente: sentidos, pensamentos, emoções e intuições para usarmos as informações nas tomadas de decisão.

Siga a prática abaixo ou escute a meditação guiada no site do livro.

www.ligiacosta.com.br/livro

- Check-in: sente-se em um lugar confortável, preste atenção à postura, fique atento à respiração.
- Prática: leve sua atenção e consciência para todos os diferentes processos mentais. Observe com curiosidade barulhos, cheiros, sensação do toque, sabor, pensamentos, sensações, sentimentos, imagens mentais, intuições. Navegue por tudo o que possa surgir com observação e sem se deixar levar pelas experiências.
- Sugestão de tempo: se você desejar treinar a autocompaixão de maneira mais intensa, considere praticar a meditação mindfulness guiada. Sugiro a frequência de quinze a vinte minutos por dia, no momento mais adequado para você.

JOURNALING

Escreva por cinco minutos consecutivos. Como você se envolve com suas atividades a partir de uma atenção mais aberta e ampliada?

MULTIPLIQUE A CONVERSA

Agende um feedback e esteja 100% presente para esse encontro. Depois, faça posts em redes sociais para compartilhar a sua experiência. #LíderHumanoGeraResultados

6. COMPAIXÃO

Chegamos à sexta habilidade essencial do líder compassivo, uma das mais bonitas. Talvez, em um primeiro momento, você a ache difícil. Mas fique tranquilo: é possível treinar essa habilidade por meio da conexão verdadeira com o outro. Sentir compaixão por outra pessoa faz com que a gente tenha coragem.

Foi o que afirmou Gisele Muller, ex-head de Desenvolvimento Humano do Grupo EcoRodovias, ao citar a contratação de refugiados pela empresa. Afirmação proferida durante uma entrevista:[80] "Contratamos refugiados como um ato de compaixão para oferecer trabalho para doze homens que precisavam de uma oportunidade para viver dignamente".

Para ela, "a compaixão é feita da soma dos sonhos e das pessoas, uma onda que se inicia com uma gota". Uma consciência levada a sério e que envolveu a implantação de um programa de diversidade e inclusão com quatro

---

[80] Gisele Muller em entrevista à autora em 22 de maio de 2021.

pilares: gênero, etnia, LGBTQIA+ e pessoas com deficiência na EcoRodovias.

Em 2018, começaram as contratações de refugiados egípcios, iemenitas, iraquianos, marroquinos, sírios e venezuelanos.

A IMPORTÂNCIA DA AUTOCOMPAIXÃO

Liderar compassivamente é estar disponível, ser capaz de ajudar o outro para que ele se sinta seguro para cumprir seus objetivos.

Existe outro conceito que vem da filosofia budista e que muito me agrada, segundo o qual a compaixão é a expressão de um coração cheio de felicidade.

De qualquer maneira, tudo começa com você se tratando com mais gentileza, dizendo a si mesmo que está tudo bem. Sim, você pode ser um pouco mais gentil consigo. Muitas pessoas ainda acreditam que ser autocrítico e duro com os próprios erros e fragilidades é algo bom, que ter autocompaixão é o mesmo que sentir pena de si mesmo.

Curtir o fracasso, punir-se diante de uma falha e se culpar não farão de você uma pessoa melhor, pelo contrário, essas atitudes alimentarão aquela sensação de não ser bom o bastante. Não deixe esse vazio que o distancia de si, dos seus valores, dos seus amores, que o diminui, tomar conta do seu peito. Enxergue-se como um bom amigo, com mais equilíbrio. Está tudo bem.

Não existem conquistas sem erros, nem vitórias sem esforço. Para que tanta exigência e dureza? Por que essa mentalidade fixa de que temos que nos punir e sofrer tanto quando não atingimos o resultado esperado? Será que é possível ter alta performance, ser realizado profissionalmente, ter sucesso na carreira e obter conquistas profissionais com mais equilíbrio?

A resposta é sim! ==Pratique a autocompaixão. Ela é o segredo para termos resiliência e coragem para encarar o fracasso com mais leveza.== Ela o ajudará a fugir da mentalidade fixa. Você aprenderá a encarar seus erros com um olhar otimista e curioso para tentar novamente com ainda mais entusiasmo.

Ter autocompaixão é entender que é natural falhar, que é parte de ser humano enfrentar momentos de dificuldade, de erros e fracasso. É entender que você pode ser gentil consigo mesmo e não precisa se chicotear e se culpar absurdamente quando algo não acontecer do jeito planejado.

SEJA O SEU MELHOR AMIGO!

Segundo a professora, escritora e palestrante norte-americana Kristin Neff, autora de *Autocompaixão: pare de se torturar e deixe a insegurança para trás*,[81] a autocompaixão envolve tratar a si mesmo como você trata os seus amigos. Uma ideia que permite que tenhamos mais atenção e entendimento da nossa situação em um contexto maior da experiência humana. Somos falíveis, afinal.

Quando você se torna mais compreensivo e gentil consigo mesmo, escolhe vivenciar com menos intensidade as emoções que permeiam seus erros – em especial aqueles relacionados

---

[81] NEFF, K. **Autocompaixão**: pare de se torturar e deixe a insegurança para trás. Teresópolis: Lúcida Letra, 2017.

ao trabalho. Essa atitude grandiosa de aceitação nos ajuda a superar mais rapidamente a falha e a criar uma visão de futuro.

A pessoa que desenvolve a autocompaixão cria um modelo mental no qual passa a evitar a autodepreciação. Assim, torna-se capaz de enxergar aquela situação de erro como oportunidade de aprendizado, focando com mais facilidade em concluir as tarefas necessárias. Não caia na armadilha de mergulhar na vitimização, sendo abduzido pelos problemas.

Sei que não é simples começar a ter autocompaixão, é realmente um processo. Já vivi dias em que não dei conta de todas as tarefas e me senti incompetente. Em uma ocasião, quando não estive com uma das minhas filhas no aniversário dela, eu me senti a pior mãe do mundo. Em outra, quando era reconhecida por ser uma executiva talentosa, fui demitida. Ali, tive o sentimento de ter fracassado, mais exatamente de estar vivenciando o maior fracasso da minha vida. Hoje sei que aquela demissão abriu mil portas e me levou para o lugar em que me encontro hoje.

Treinar a autocompaixão – e a meditação mindfulness é uma grande aliada nisso – me ajuda a lidar com todos esses momentos difíceis e muitos outros com mais clareza da realidade. Permite que eu entenda que está tudo bem, que faço o melhor que posso, e isso é suficiente.

Quanto mais presente, mais autoconsciente eu sou das minhas necessidades. Quanto mais entendo que sou um ser humano em constante aprendizado, mais aceito e compreendo que posso me tratar com respeito, amor e leveza.

Esse autorrespeito é uma escolha que me motiva e me faz ser melhor a cada dia. Entendo que a melhor maneira de lidar com os erros e fracassos é ter a autocompaixão necessária para transformá-los em aprendizados em vez de me martirizar por eles.

Deixo aqui um presente para você: gravei um vídeo sobre o poder que a prática da autocompaixão pode ter na sua vida. Acesse o QR Code a seguir, dê o play e comece a praticar assim que puder.

https://youtu.be/EAjC1hU5lgA

ESCRITA REFLEXIVA

E como desenvolver a autocompaixão? Existem algumas técnicas que você pode introduzir no cotidiano para trabalhar esse ponto. Uma delas é utilizar a técnica da escrita reflexiva ou *journaling*.

Eu explico: ao vivenciar uma situação difícil, pegue papel e caneta e escreva sobre o que aconteceu. Faça isso como se fosse um amigo aconselhando-o a respeito de qual direção seguir. Faça uma escrita sem filtro, em um período de três a cinco minutos, e depois releia o que escreveu.

MEDITAÇÃO DA AUTOCOMPAIXÃO

O objetivo da prática de mindfulness é treinar a autocompaixão. Sermos mais gentis e menos exigentes conosco. Compreender que todos enfrentamos momentos difíceis, que fizemos o que podia ser feito, e que isso é suficiente para o momento presente.

Siga a prática abaixo ou escute a meditação guiada no site do livro.

www.ligiacosta.com.br/livro

- Check-in: sente-se em um lugar confortável, preste atenção à postura, fique atento à respiração.
- Prática: pense em uma situação de frustração ou uma em que você se sentiu desconfortável. Mentalmente, utilize a palavra gentil de aceitação "sim" e verbalize: "Sim, estou enfrentando um momento difícil. Sim, todo mundo em algum momento da vida se sente mal, frustrado, chateado, irritado, não é exclusividade minha. Sim, eu posso ser mais gentil comigo neste momento. Sim, eu

posso me tratar com mais carinho, respeito, menos exigência e mais compaixão".

- Sugestão de tempo: se desejar treinar a autocompaixão de maneira mais intensa, considere praticar a meditação mindfulness guiada. Sugiro a frequência de quinze a vinte minutos por dia, no momento mais adequado para você. Pode ser pela manhã, à noite, em um horário que você esteja disponível para esse treino.

JOURNALING

Escreva por cinco minutos consecutivos. Como me sinto frente a uma situação de frustração? O que posso fazer para ser mais gentil comigo ao enfrentar momentos difíceis?

MULTIPLIQUE A CONVERSA

Grave um vídeo e compartilhe com sua equipe o quanto é importante ser gentil e aceitar as nossas imperfeições para sermos líderes compassivos. #LíderHumanoGeraResultados

capítulo 6

AMOR COMO COMPETÊNCIA INTEGRADA

> "Onde existe amor,
> existe vida."
> Mahatma Gandhi (1869-1948),
> advogado e ativista indiano

E se eu lhe perguntar, nesta etapa da nossa jornada, sabendo tudo o que você já sabe, qual será o seu estilo de liderança a partir de agora, qual vai ser a sua resposta?

Muitas vezes, ao buscar a felicidade, a mudança no modo de agir, encontramos respostas que até são conhecidas, mas que poucas pessoas praticam de verdade. Uma constatação que eu reforcei após visitar o Butão, um pequeno país localizado no sul da Ásia, na Cordilheira do Himalaia, com baixíssimos índices de violência e inexistência de mendigos nas ruas, entre muitos outros excelentes indicadores sociais.

Apesar da beleza natural indescritível, o lugar ficou conhecido nos anos 1970, após o quarto rei, Jigme Singye Wangchuck, ter declarado que a Felicidade Interna Bruta[82] seria mais importante que o Produto Interno Bruto e que o Estado seria responsável por definir políticas governamentais com foco na felicidade e não apenas na economia.

---

[82] ANZANELLO, V. Conheça o Butão, país em que a prosperidade é medida pelo FIB – a Felicidade Interna Bruta. **GZH**, 20 fev. 2018. Disponível em: https://gauchazh.clicrbs.com.br/comportamento/viagem/noticia/2018/02/conheca-o-butao-pais-em-que-a-prosperidade-e-medida-pela-fib-a-felicidade-interna-bruta-cjduj02d602sh01rvfosc30or.html. Acesso em: 26 maio 2021.

Para se ter uma ideia, existe no Butão o Gross National Happiness Centre (GNH), órgão responsável por promover valores de igualdade, humanidade e cuidado com o bem-estar no país. Trata-se de uma sociedade sem fins lucrativos apoiada pelo governo local para estimular o debate a respeito do tema. A iniciativa tem também bases na Tailândia e na Espanha.

TURISTA OU PEREGRINO?

No primeiro dia em que estive no Butão, em 2018, tive uma aula com Satish Kumar, que já citei neste livro. Vou compartilhar aqui uma história que ouvi dele e nunca mais esqueci.

Satish pediu que nós, seus alunos, respondêssemos à seguinte pergunta: "Como vocês desejam estar nessa viagem, aqui no Butão?". Segundo ele, eram duas as nossas opções.

A primeira delas:

Ser turistas, afinal, foram mais de dois dias de viagem, com escalas na Etiópia e na Índia até chegarem aqui. É natural que vocês sejam turistas, tenham desejos de conhecer tudo, saber de tudo e fotografar qualquer imagem que surja. Os turistas são exigentes e esperam que tudo aconteça de acordo com o roteiro. São planejados e têm sempre alguma crítica sobre aquilo que poderia ter sido realizado melhor ou que outros fizeram e que ele não pode ficar sem experimentar. Turistas querem tirar fotos de tudo e postar em redes sociais a todo minuto. Inconscientemente se comparam com os outros para mostrar a todos que sua viagem foi maior e melhor. Também têm grandes expectativas, uma lista enorme de pontos turísticos a serem visitados, já sabem sobre as histórias, se anteciparam e, ao chegar ao ponto desejado, em frações de segundo já estão programando qual o próximo lugar a conhecer. Turistas criam cenários, pensam o tempo todo, fazem exigências desnecessárias e, quando algo não acontece do jeito que idealizaram, sofrem grandes frustrações.

Agora, a segunda opção:

Ser peregrino, um indivíduo andante que empreende em diferentes jornadas. Os peregrinos caminham, são aprendizes e não desejam que tudo aconteça de acordo com um roteiro. Têm intenções e compreendem que a experiência que viveram foi a melhor que poderia ter sido oferecida naquele momento. Peregrinos compreendem que, muitas vezes, a rota precisa ser alterada, pois questões externas podem mudar a direção do dia. Se chover e não for possível caminhar nas montanhas, tudo bem: não temos como controlar o tempo e readequamos o nosso roteiro dentro das condições que nos são oferecidas. Peregrinos têm intenções e cocriam o seu futuro por meio de ações e comportamentos que os levam ao seu objetivo. Vivem o momento presente e usufruem de todos os sentidos para sentir a experiência do ponto turístico. São flexíveis e compreendem que, se algo não aconteceu conforme planejado, são capazes de aprender lições e serem resilientes para traçar novas rotas, que isso não é um grande problema, mas apenas parte do processo.

Naquele momento, ao ouvir as palavras de Satish, caiu a ficha: eu desejava ser peregrina não apenas naquela viagem, mas levar esse olhar mais leve e de aprendiz para todas as áreas da minha vida. Por isso faço a você a mesma pergunta: quem você deseja ser e como quer liderar a partir de hoje?

Não existe volta, alguns processos só têm caminho de ida. Para construirmos novos hábitos, precisamos criar novas rotinas e comportamentos. A transformação acontece de dentro para fora.

Do Butão, uma das dez nações mais felizes do mundo, trouxe na mala sete lições sobre felicidade que certamente podem ajudar você a ser mais feliz todos os dias. São elas:

1. **Esteja consciente:** a partir do momento em que você estiver ciente e consciente de todas as suas atitudes, dos seus pensamentos, do seu corpo, das suas emoções e dos seus sentimentos, você passa a ser observador da sua própria história e, com isso, será mais atento às suas escolhas.

2. **Pratique meditação (mindfulness):** equilíbrio e mente vazia nos ajudam a encontrar respostas que nunca imaginávamos que existiam. Você nunca praticou, acha que não é para você? Comece hoje, ao menos tente e veja que não é assim tão difícil.

3. **Integre-se com a natureza:** busque momentos de conexão e de proximidade nesse sentido. Seja por meio de caminhadas, passeios, ouvir o silêncio, observar pássaros, enfim, integrar-se.

Quem você deseja ser e como quer liderar a partir de hoje?

4. **Tenha disciplina:** tudo pode ser, existir, acontecer, mas isso depende totalmente da sua dedicação e disciplina para conquistar aquilo que deseja.
5. **Não é possível cortar caminho:** precisamos estar atentos aos sinais e dispostos a trabalhar e buscar a nossa jornada pelo caminho correto. Quando nos desviamos do caminho, tudo pode dar errado.
6. **Viva na presença:** hoje é o grande dia! O passado já foi, o futuro é incerto. Portanto, esteja presente no momento. Viva o agora.
7. **Tenha foco:** concentre-se, desenhe seu caminho e seja persistente para alcançá-lo. Mantenha uma visão clara das suas metas.

CORAÇÃO, CORPO E MENTE INTERCONECTADOS E INTERDEPENDENTES

O nosso bem-estar é mais do que a simples ausência de doenças. É um processo ativo voltado para uma vida mais saudável, feliz e gratificante, com propósito e valores. Assim, devemos nos esforçar para reduzir os aspectos negativos da saúde psicológica e promover um estado geral positivo e saudável de ser.

Para se ter uma ideia, aos pacientes com estresse geral, bem como estresse relacionado ao trabalho, foi associado um risco aumentado de até 40% de desenvolver ou morrer de doenças cardíacas.[83]

---

[83] LEVINE G. N. et al. Psychological Health, Well-being, and the Mind-heart Body Connection: A Scientific Statement from the American Heart Association. **Circulation**, v. 143, n. 10, 25 jan. 2021. Disponível em: https://www.ahajournals.org/doi/10.1161/CIR.0000000000000947. Acesso em: 1º jun. 2021.

Segundo informação da Harvard Medical School, dois terços das doenças podem ser evitadas e curadas apenas de acordo com o estilo de vida de cada um.[84]

Trago essa informação, neste momento, para que você não se esqueça do amor como competência integrada. O amor por si mesmo e pelos outros.

Vale destacar ainda o estudo sobre felicidade feito pelo psiquiatra norte-americano Robert Waldinger.[85] Segundo ele, o principal aprendizado de felicidade não está relacionado a horas de trabalho, fama ou riqueza, mas à qualidade das nossas relações sociais.

O MELHOR LÍDER DO MUNDO

No mundo da liderança, já estamos convencidos de que o modelo atual não é mais efetivo, sendo a gestão a partir do amor e da compaixão um caminho novo e consistente. Agora, sobre qual modelo adotar, que mentores ou gurus seguir, recomendo que, acima de tudo, você seja livre nas suas escolhas. Observar referências e se inspirar em bons profissionais é importante, mas, vale lembrar, estamos vivendo um momento propício para a cocriação de um novo estilo de liderança.

---

[84] HARVARD Medical School - Curso de Medicina do Estilo de Vida - Ferramentas para promover mudanças saudáveis - USA, Boston, maio de 2016. **Medicina Integrada**, [s.d.] Disponível em: https://www.medicinaintegrada.com/harvard-medical-school-curso-de-medicina-do-estilo-de-vida-ferramentas-para-promover-mudancas-saudaveis-usa-boston-maio-de-2016/. Acesso em: 5 jul. 2021.

[85] ESTUDO de Harvard sobre felicidade. What makes a good life? TED Robert Waldinger. 2020. Vídeo (12min51s). Publicado pelo canal Ligia Costa - TGI Today. Disponível em: https://www.youtube.com/watch?v=d52BStMyOMw. Acesso em: 5 jul. 2021.

O líder ideal será aquele no qual você se transformará. Sabe aquela famosa frase da série de filmes *Star Wars* (Guerra nas Estrelas) "*May the force be with you*" (Que a força esteja com você)? É neste momento que tudo começa a fazer sentido: quando compreendemos que podemos ser quem desejamos, que a força está dentro de cada um de nós. A busca incessante por um mestre, um guru ou ilusionista pronto para fornecer todas as respostas só vai gerar aborrecimentos.

Conforme já citado neste livro, na filosofia indiana, o equilíbrio do poder feminino e masculino nos negócios é fundamental. É um jeito de liderar que se utiliza do máximo potencial criativo de cada indivíduo.

Em outras palavras, Mahatma Gandhi afirmou: "Quando a força da alma desperta, ela se torna irresistível e conquista o mundo. Esse poder é inerente a qualquer ser humano".

É nisso que você deve acreditar.

A seguir, uma meditação sobre a busca de um mestre que o ajudará a tomar as rédeas da sua autorresponsabilidade.

MEDITAÇÃO: SEJA SEU MESTRE

Este é um convite para que você pause e apenas se conecte com a sua força interna e permita que o seu coração brilhe.

Siga a prática abaixo ou escute a meditação guiada no site do livro.

www.ligiacosta.com.br/livro

- Check-in: sente-se em um lugar confortável, preste atenção à postura, fique atento à respiração.
- Prática: Reflita sobre as palavras abaixo. É uma adaptação livre minha para um texto de autoria desconhecida.

> Se você procura um mestre, jogue primeiro as suas expectativas pela janela, de modo que possa enxergar o mestre quando encontrá-lo. Em sua busca, saiba que vai encontrar um ser humano, com questões humanas, com uma estrada percorrida e outra a percorrer. Um mestre não quer ser venerado, ele se mostra para que você encontre o seu caminho. Um mestre é um mestre e apenas isso. Ele não precisa de sua aceitação, da sua veneração. Ele não espera aplausos, ele veio para viver e ter as suas próprias experiências. Na sua jornada de vida, ele emana uma energia para que os outros possam despertar. Um mestre não vai ensinar religião ou doutrinas. Porque os mestres não seguem regras. Mestres buscam a verdade de sua própria luz, transmitem-na diretamente da fonte divina da criação. O mestre não se importa que nome tem essa fonte

que tudo cria, ele simplesmente exala essa fonte e a transmite aos demais para que eles possam ver a própria verdade, acessar a própria luz.

Um mestre não vai dar a você uma agenda com dicas de como ser bonzinho para ascender, listando que passos você precisa dar. Ele vai inspirá-lo para que você enxergue o seu caminho e permitirá que você tenha as suas próprias experiências. Um mestre não o controlará nem manipulará qualquer informação, não o obrigará a nada, não criará padrões para você, essa é sua qualidade principal.

O mestre verdadeiro lhe entrega a informação. No entanto, você terá que traduzi-la de acordo com a sua própria essência. Um mestre simplesmente o apoia sem julgamento enquanto você se coloca em movimento, de acordo com o seu aprendizado. Importante: não espere encontrar alguém com uma determinada roupa ou vivendo de certa maneira, como nas montanhas. Um mestre experimenta a vida, as comidas, as paisagens. Experimenta e transmite a sua sabedoria. Alguns pensam que mestres são aqueles que não comem ou que são vegetarianos, que meditam em silêncio durante horas e dias, que fazem ioga e são completamente equilibrados, que nunca se alteram ou cometem erros.

Os mestres muitas vezes vêm disfarçados de dor, sofrimentos e desafios, geralmente quando os ensinamentos nos colocam à prova. Enfim, cada um tem um conceito do que aprendeu e que deveria ser um mestre. Mas um mestre não segue nenhum padrão, não vive por conta de modos aprendidos de viver. Ele cria o seu viver a partir da vida que pulsa dentro dele.

Bem-vindo, mestre e líder da sua própria jornada! Este é o meu convite para você assumir a sua autorresponsabilidade, que é uma fase natural da sua personalidade adulta estruturada. Desejo, de verdade, que você possa pensar com generosidade nos pontos abaixo:

- Ser capaz de fazer escolhas positivas e cumprir compromissos.
- Assumir e valorizar a sua autenticidade.
- Trabalhar para superar as metas.
- Aceitar as frustrações do dia a dia.
- Ser autônomo, responsável, organizado.
- Não ter dependências emocionais.
- Ter a habilidade de se observar, de se autoperceber.
- Reconhecer seus defeitos e suas qualidades.

Consegue notar que tudo gira em torno da autorresponsabilidade? Essa é a capacidade racional e emocional de trazer para si toda a responsabilidade por tudo o que acontece em sua vida, por mais inexplicável que seja, por mais que pareça estar fora do seu controle e das suas mãos. É ter a consciência de que você é o único responsável pelas suas escolhas e pelos resultados colhidos. Você está onde se colocou; você é o suficiente.

Para construirmos novos hábitos, precisamos criar novas rotinas e comportamentos. A transformação acontece de dentro para fora.

AFIRMAÇÃO PARA SE CONECTAR COM O SUFICIENTE

Agora convido-o a desacelerar. Faça algumas respirações conscientes e permita-se a conexão com o momento presente. Antes de continuar a leitura, ofereça a si mesmo alguns instantes de silêncio para estabilizar a mente e manter o foco no presente.

Aproveite este momento para fazer o seu *journaling* com suas afirmações positivas e para, assim, se conectar com o suficiente. Escreva: "Eu sou o suficiente, eu tenho o suficiente, existe o suficiente para todos". Memorize a frase e repita, em voz alta ou em silêncio, quantas vezes desejar, até sentir os batimentos cardíacos se acalmarem e os pensamentos silenciarem, compreendendo que o suficiente é o seu bastante para o momento presente.

COLOQUE EM PRÁTICA O QUE VOCÊ APRENDEU ATÉ AGORA

Meu grande objetivo é que você seja capaz de liderar com compaixão, de estar a serviço e de ter equipes de alta performance, psicologicamente seguras. Lidere com a cabeça e com o coração. Nesse sentido, para ajudá-lo a seguir refletindo a respeito do assunto, compartilho uma relação de dez atitudes do líder compassivo.

DEZ ATITUDES DO LÍDER COMPASSIVO

1. Presença: esteja no seu momento presente com o seu corpo, a sua mente e a sua intenção.
2. Escuta: disponibilize sua atenção plena para apenas ouvir sem julgamentos.
3. Sinta: aprenda as diferentes maneiras de escuta e valorize aquela que envolve sentimentos.
4. Tenha curiosidade: conheça seus liderados e suas histórias. Só assim você será capaz de gerenciar e atender às necessidades específicas de cada um, promovendo a inclusão.
5. Multiplique a conversa: seja exemplo e compartilhe o seu conhecimento, impacte positivamente sendo quem você é e como você se expressa. Seja coerente.
6. Elogie: reconheça que a sua equipe se esforça e faz o melhor que ela pode oferecer. Ensine e dê direcionamento para que o processo atinja a sua máxima potencialidade.
7. Navegue entre as polaridades: você pode utilizar-se das energias masculinas e femininas.
8. Respeite os seus valores: tenha conversas difíceis e posicione-se sempre que sentir desconforto.
9. Pause: nem sempre você terá todas as respostas. E tudo bem ser vulnerável.
10. Tenha gratidão: seja capaz de agradecer pelos aprendizados e desafios.

capítulo 7

ESCOLHA LIDERAR COM O CORAÇÃO

Eu nunca imaginei que escreveria um livro. Muito menos que a maior dor da minha vida teria tamanho impacto no meu estilo de liderança. Para encerrar esta nossa jornada, quero contar a história que me conecta com o modo compassivo de liderar, compartilhar um pouco mais sobre quem sou eu.

Para começar, destaco uma observação do sociólogo norte-americano Michael Kimmel, especialista em estudos de igualdade entre homens e mulheres. Em sua palestra no TED Talks sobre igualdade entre os gêneros,[86] ele destaca que "o privilégio é invisível para aquele que o tem".

Nesse ponto específico, eu sempre soube da minha condição privilegiada. E tive muita gratidão pelo que meus pais e avós me ofereceram, sendo consciente da condição financeira e da segurança emocional que recebi na minha infância e adolescência.

Sou a filha do meio de uma família paulistana. Estudei em ótimas escolas e tive uma educação acima da média dos brasileiros. Isso também me colocou em uma posição de autor-responsabilidade e cobrança pessoal para ajudar e incentivar todos a batalhar por condições equânimes de vida também.

Pelo lado paterno, venho de uma família de atletas: meu avô foi corredor e, meu pai, jogador de vôlei. Tenho no meu DNA essa marca. Eu me considero uma atleta amadora e digo que o esporte foi a minha primeira grande escola de liderança.

Do lado materno, tenho o exemplo do empreendedorismo. Oswaldo Zambon, meu avô, filho de imigrantes italianos, nascido em Matão (SP), boticário e visionário, tornou-se

---

[86] WHY Gender Equality is Good for Everyone – Men Included. 2015. Vídeo (15min49s). Publicado em TED Ideas Worth Spreading. Disponível em: https://www.ted.com/talks/michael_kimmel_why_gender_equality_is_good_for_everyone_men_included/transcript. Acesso em: 27 maio 2021.

um dos principais empresários do ramo farmacêutico. Foram cinquenta anos de história, centenas de farmácias, rede de distribuição, laboratório de manipulação, mais de 5 mil funcionários e uma empresa familiar que, como muitas, se perdeu por má administração e faliu. Faço parte da terceira geração, a que viveu o auge e o caos dessa saga toda. Guardei todas as lições, pude usufruir dos bons momentos, mas aprendi muito cedo a acompanhar a falência de um gigante.

Meu pai, com a sua história, sempre dizia para mim e para os meus irmãos: tenham disciplina e batalhem pelo que vocês querem. Já a minha mãe, filha de um empresário de sucesso, nos fomentava de cultura, estudo e atitudes pró-sociais. Incentivada por eles, tive liberdade para escolher a minha profissão.

Quando prestei vestibular, me sentia indecisa e não tinha clareza do que realmente desejava fazer. Aos 16 anos, optei pela Medicina por ter paixão pela cura, mas não passei no vestibular. Ainda bastante jovem, minha ânsia de ter uma profissão e ser independente me fez mudar de ideia e me formar em Marketing. Serei eternamente grata pela profissão que me acolheu e me gerou grande reconhecimento por quase vinte anos.

Em 1996, aos 19 anos, eu havia conquistado meu primeiro trabalho na avenida Paulista, em São Paulo, em uma empresa de games. Por conta desse vínculo, em um ano, fiz meu primeiro estágio internacional no Vale do Silício, nos Estados Unidos, na Lucas Entertainment Arts, empresa de games de George Lucas, roteirista e diretor que criou a franquia Star Wars. Vivi o relançamento da famosa trilogia, descobri o quanto os americanos valorizam a ficção científica, visitei o Lucas Ranch, a fazenda do próprio George Lucas, e ainda tive o privilégio de conhecê-lo.

Lembro-me desse momento como se fosse hoje. Estava em pé, na famosa biblioteca de sua propriedade, admirando a quantidade de livros do acervo pessoal dele quando, de repente, como em um show, barulhos estranhos fizeram com que o meu coração acelerasse. Minha mão gelou, meus olhos paralisaram e uma das estantes começou a se mover para o lado bem devagar, abrindo-se. Por trás dela, surgiu uma enorme criatura: Darth Vader.

Ele era gigante. Honestamente, senti medo, mas achei tudo aquilo incrível, fiquei encantada com a hospitalidade. Eu era apenas uma estagiária estrangeira e estava me sentindo a pessoa mais importante do mundo naquele tour. Eu não tinha a menor dúvida de que o meu trabalho era o máximo e que me levava a lugares e experiências indescritíveis.

Naquele dia, ouvi novamente a frase clássica: "May the force be with you". Para ser sincera, entrou por um ouvido e saiu pelo outro. No auge dos meus 19 anos, o que eu queria era conquistar o mundo, aprender, estudar e continuar me permitindo a ir além, com força ou sem força. Meu olhar otimista sempre me dizia: está tudo bem! Vai dar tudo certo.

Busco aprender sempre, com a minha mente de principiante e curiosa. Esse comportamento faz parte de mim e foi dessa maneira que cheguei ao Vale do Silício.

A MAIOR PERDA E O MAIOR APRENDIZADO

Voltei dos Estados Unidos, ainda na mesma companhia, e fui convidada a mudar de área. No novo departamento, eu respondia a uma gerente sênior. Uma mulher alta, magra, de cabelos longos e que talvez nem se recorde de ter feito parte da maior transformação da minha vida. No departamento, éramos três mulheres e um homem. De modo geral, existia um bom relacionamento na equipe, porém, entre as mulheres, certo conflito era provocado pela gerente. Como gestora, era perceptível que ela se incomodava com os resultados e a vivacidade dos jovens na sua área. Existia uma rispidez e uma necessidade de controle exacerbada na coordenação do setor. Nada podia acontecer fora de sua alçada sem que ela perdesse a compostura e se desequilibrasse.

Todas as pessoas do nosso departamento ficavam em uma mesma sala. As mesas eram próximas e escutávamos as conversas ao telefone que fazíamos, fossem com parceiros, clientes e fornecedores. Não existia privacidade.

Em uma bela manhã, a gerente da área falava ao telefone e percebi que ela ficava vermelha, com o rosto raivoso e os olhos quase que esbugalhados de indignação com o que ouvia do outro lado da linha. Por alguns segundos, ela apenas escutou.

Já reconheceu a cena? É ela mesma, a que contei no início deste livro, quando fui chamada de "muito burra". Como você bem sabe, não levei aquele desaforo para casa.

Depois de rebater o xingamento, eu me sentei na cadeira, aliviada por não permitir que aquele tipo de comunicação violenta fizesse parte do meu momento. Mas o preço foi alto depois: foram quase dez dias de crise, fofocas, julgamentos, interpretação de gestos, isolamento, competição.

Tudo isso até a data da reunião de demissão que foi interrompida. Pedi licença e liguei para o meu pai para que ele me explicasse o que estava acontecendo e o porquê da urgência.

Do outro lado da linha, a secretária dele atendeu e, ao ouvir a minha voz, disse, nervosa: "Ligia, seu pai não pode falar agora, parece que ele não está muito bem, está no hospital".

Eu nunca imaginei que escreveria um livro. Muito menos que a maior dor da minha vida teria tamanho impacto no meu estilo de liderança.

Aquela história era toda muito estranha, pois meu pai estava bem. Dois dias antes, no domingo, havíamos comido pizza juntos. Meus pais eram separados, mas eu tinha estado com ele no fim de semana. Eu ligava na minha casa e a ligação não completava. Naquela época não existia celular, portanto, fui embora sem saber muito bem o que me esperava.

Uma grande amiga decidiu me acompanhar, e me senti acolhida, mesmo estando apreensiva. O caminho era longo e ainda tive que parar no centro de São Paulo para buscar o meu irmão mais novo no cursinho. Precisei entrar na recepção e quase implorar que ele fosse liberado sem a autorização dos pais. Não me lembro como, mas, quase duas horas após a ligação, chegamos em casa.

Estacionei o carro e entrei pela porta principal. A primeira imagem que vi foi o meu irmão mais velho, em prantos, sentado no sofá ao lado do meu tio, irmão da minha mãe, que, sem muito tato, disse friamente: "O seu pai morreu. Ele teve um ataque cardíaco esta madrugada".

Foi um choque. Eu não estava preparada, ainda mais aos 19 anos, para receber aquela notícia daquela maneira. Fiquei fora do ar, sem rumo, sem conseguir raciocinar por quase uma semana, achando que tudo não passava de um sonho ruim. Nunca imaginei que seguiria na vida adulta sem a presença física do meu pai, companheiro, incentivador, meu primeiro grande amor.

Enfim, era real. Ele dormiu e não acordou aos 49 anos.

E assim segui, dormindo e acordando a cada novo dia, mas com uma dor indescritível e a percepção do quão frágil é a vida e que as relações são apenas passageiras. Um choque de realidade que me trouxe muita maturidade.

DE VOLTA AO ESCRITÓRIO

Como também já compartilhei lá no início, voltei ao escritório dez dias após a maior perda da minha vida, e com a relação rompida com a minha gestora. Eu não sabia o que aconteceria a partir de então. E, realmente, nada aconteceu. O assunto nunca mais foi abordado, a gestora se comoveu com a minha perda e me acolheu — ou não teve coragem de me demitir naquele momento de fragilidade e vulnerabilidade. Eu segui minha rotina, retomei os meus afazeres com ainda mais disciplina.

Inconscientemente, eu tomei uma decisão. A partir daquele sofrimento, identifiquei qual seria o meu estilo de liderança. Naquele dia, escolhi liderar pelo amor.

E isso envolveu não entrar em conflitos por disputas de ego. Eu queria mais era colaborar, estar pronta e a serviço para respeitar os indivíduos, entendendo que a vida é um presente. Estar vivo, passar por essa jornada de aprendizados, é uma bênção. Não podemos perder tempo com assuntos que nos distanciam de quem somos de verdade.

A DIRETORA MAIS JOVEM

Com essa escolha inconsciente, aos 24 anos assumi a minha primeira posição de diretoria. Fui a diretora mais jovem de um dos maiores grupos de comunicação do mundo, trabalhei em Brasília na privatização de uma das maiores indústrias de telecomunicações do Brasil, estive à frente de times em mais de oito países como diretora de uma das maiores empresas de internet. Fui eleita profissional destaque pelo jornal *Valor Econômico*, recebi prêmios e convites para assumir cargos no exterior.

Foram quase vinte anos em cargos executivos de alta liderança privilegiando o humano, a colaboração, o respeito às necessidades individuais e a inclusão. E tudo isso obtendo resultados excepcionais.

Essa escolha inconsciente, pautada por um sofrimento, me moldou. Só fui capaz de fazer essas conexões e verbalizar essa história após duas décadas, quando passei por mais um sofrimento, uma demissão. Escolhi fazer a minha transição de carreira e me perguntei: como cheguei aonde cheguei? O que eu fiz bem? Por que assumi posições de liderança tão cedo?

Essa conexão foi fruto de um processo de autodesenvolvimento, de intensificação das práticas meditativas e das idas a retiros. Foi quando o insight surgiu. A escolha inconsciente que fiz aos 19 anos em função de um sofrimento me colocou em um lugar de humanidade comum e de decisão por liderar pelo amor e não pelo ego.

Por esse motivo, hoje apresento esse estilo de liderança amorosa de maneira estruturada. Quero compartilhar essa ideia com todos os que desejam transcender o seu próprio eu, impactar o seu entorno e sentir que, quando estamos a serviço, vivemos no fluxo e cultivamos a nossa felicidade sustentável.

ESCRITA REFLEXIVA

Antes de finalizarmos, recomendo que você reflita sobre a sua linha da vida profissional e mapeie quais foram os momentos transformadores e que impactaram as suas decisões e escolhas. Se desejar, descreva com detalhes os principais eventos, seguindo a ordem cronológica dos anos e pontuando momentos bons, ótimos, incríveis, marcos e também os mais difíceis e duros. Ao lado desses momentos, pense sobre o que você experimentou e aprendeu. Após mapear tudo, pense em tudo o que aprendemos ao longo deste livro, neste nosso tempo juntos.

Para completar, fiquemos com uma meditação de gratidão.

MEDITAÇÃO DE GRATIDÃO

Pause por alguns minutos e permita-se agradecer por onde você está hoje. Talvez você ainda não tenha conquistado todos os seus objetivos. Você pode não ter ganhado na loteria nem ser a pessoa mais influente e milionária, mas, sem a consciência de que você está onde deveria estar e de que somos frutos das nossas escolhas, não será possível visualizar o futuro.

Aprendi que, por mais dolorida que seja nossa história, sem a consciência e a gratidão no presente, não se cria o futuro desejado. Por esse motivo, mesmo que neste instante você não sinta que deva agradecer, convido-o a realizar uma prática de meditação de gratidão.

Apenas pare e conecte-se, ofereça a si mesmo alguns momentos de silêncio para estabilizar a mente e manter o foco no presente.

Siga a prática a seguir ou escute a meditação guiada no site do livro.

www.ligiacosta.com.br/livro

- Check-in: sente-se em um lugar confortável, preste atenção à postura, fique atento à respiração.
- Prática: meu convite é para você refletir e trazer à mente alguma bênção que tenha em sua vida hoje. Pode ser a imagem de uma pessoa, alguma conquista, um objeto, um bem material, qualquer coisa pela qual você pode se sentir grato neste momento. Ofereça um silencioso obrigado do fundo do seu coração. E, se alguma sensação boa surgir, permita-se desfrutar desse sentimento. Deixe a sua consciência aproveitar, apenas relaxando nesse sentimento. Repita esse ciclo ao menos três vezes e então encerre sua prática.
- Sugestão de tempo: se desejar treinar a gratidão de maneira mais intensa, considere diariamente se conectar com três coisas boas que aconteceram no seu dia. Sugiro a frequência de quinze a vinte minutos por dia de práticas guiadas, no momento mais adequado para você.

JOURNALING

Escreva por cinco minutos consecutivos. Com o que me sinto grato no momento presente e o que farei para me transformar no líder compassivo que desejo ser?

MULTIPLIQUE A CONVERSA

Compartilhe quem você deseja se tornar comigo e com todos ao seu redor. Seja um agente de transformação. #LíderHumanoGeraResultados

Agradeço a sua confiança e desejo que você seja a melhor pessoa que possa ser no momento presente. Isso é mais que suficiente.

Chegamos à reta final. Minha missão com este livro é contribuir para a formação de um novo estilo de liderança.

E eu conto com você para liderar com amor e levar a compaixão para formar ambientes de trabalho psicologicamente seguros, colaborativos e que promovam a equidade de gênero, diversidade e inclusão.

Lembre-se: cabeça e pés no mesmo lugar. Esteja em segurança, seja saudável e cultive a paz.

Obrigada pela companhia, que a nossa força seja o amor!

Este livro foi impresso
pela Assahi em papel
pólen bold 70 g/m² em
novembro de 2022.